1食の塩分2g以下で、抗がん野菜が350g摂れる!

済陽式「抗がん」弁当

西台クリニック院長

済陽高穂

講談社

新鮮な野菜と果物で自然治癒力を高める

食事でがんが治る事実

病を治すのは患者さんご自身。食べものこそ最高の薬

日本人の3人に1人の命を奪うがんを治したいという思いから、私は医師を志し、40年以上にわたり、数千例のがん手術の執刀を重ねてきました。しかし、2002年に1402例の患者さんの5年生存率を調べてみると、再発などで、わずか52％程度しかないことがわかりました。

そんなとき、余命3ヶ月を宣告された肝臓がんの患者さんが、ご家族の強い希望で自宅にて徹底した食事療法に取り組んだところ、3ヶ月後には腫瘍マーカーの値が低下。1年半後のCT検査では、がん病巣の消失が確認されました。

驚いて「何をされたのですか」とたずねてみると、10種類の野菜と果物、きのこや海藻、納豆、はちみつを毎日摂ったというのです。

この経験を通して、「病を治すのは医者ではなく、患者さん自身である」「食べものこそが最高の薬である」という原点に立ち戻ることができました。その後、私は本格的な食事療法の研究を始め、野菜や果物などに含まれるファイトケミカルが自然治癒力を高める要との結論を得ました。

済陽式食事療法を実践して治った患者さんは外食も弁当持参が基本

がんに打ち勝つには、免疫力を向上させることが何よりも大切。そのためには、ファイトケミカルを含んだ、抗酸化食材を毎日の食生活に取り入れることが肝心になります。

済陽式食事療法に取り組み、末期のがんに勝った方は大勢いらっしゃいます。彼らに共通していたのは、自宅で「済陽式8箇条」（P6〜7参照）を徹底して守るのはもちろんのこと、外食においても弁当を持参し、無農薬、無塩、無添加、大量の野菜摂取を心がけていました。しかも1食350g以上もの抗がん野菜を摂取されている方がほとんどでした。抗がん野菜とは、ファイトケミカルが生きた状態で体に取り入れることを意味し、煮込みすぎ、水にさらしすぎなどで栄養素が飛んでしまったものはカウントしません。

本書は、がんを克服した患者さんが実際に召し上がっていた食事を軸に、保存がきき、しかも栄養素が生きた状態で摂れる調理法を管理栄養士が再構築したものです。お弁当だけでなく、毎日のおかず作りにもご活用なさってみてください。

79歳女性　肺がん・肝転移

治療後　2015年5月1日

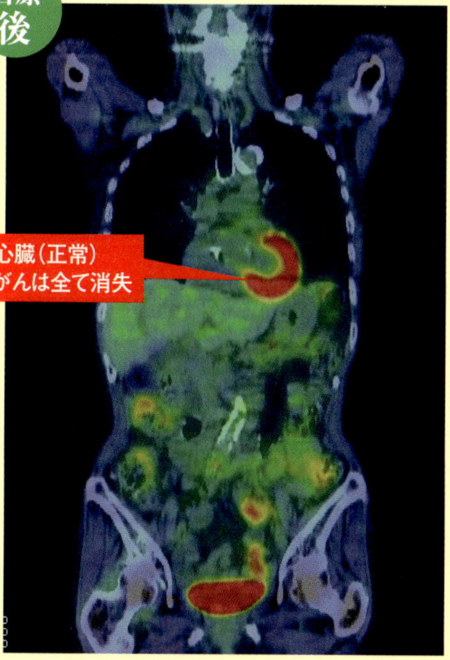

8ヶ月の抗がん剤と食事療法ですべて消失。

治療前　2014年9月13日

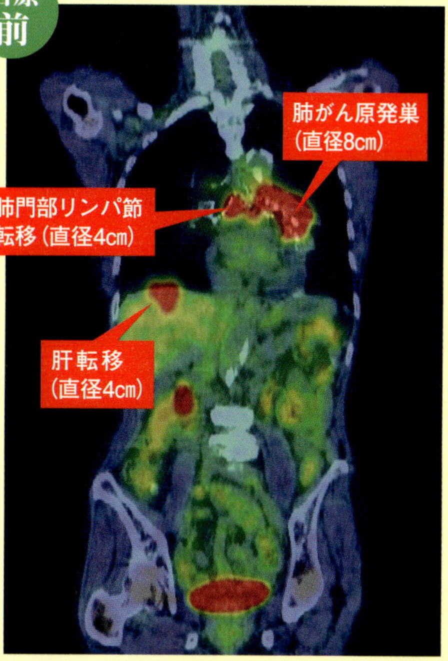

喫煙歴あり。肺に直径8cmのがん、リンパ節転移4cm、肝臓転移4cmがみとめられる。余命4ヶ月〜半年と宣告された末期がん。

栄養・代謝指導例　治癒成績（結果）

（2015年）平均観察期間：5年

臓器症例数		治癒	改善	不変	進行	死亡
胃	53	4	26	3	2	18
大腸	112	10	65	2	5	30
肝臓	18	3	5		1	9
すい臓	37	4	10	1	1	21
胆道	18	1	6		3	8
食道	11	3	3			5
前立腺	36	9	18	3	3	3
乳がん	52	9	27	1	5	10
リンパ腫	15	3	10			2
その他	60	6	30	2	10	12
総計	412	52	200	12	30	118

平均観察期間は5年。通常の医学治療と併用し、食事療法を3ヶ月以上行っている人が対象。各臓器がん412例のうち、約半数が晩期がんで手術適用外とされた例、約4割が再発・転移がん、残り1割が早期の多重がん。61.2%の治癒もしくは改善が認められた。

CONTENTS

治った人が守った済陽式ルール

済陽式食事療法８箇条

1 限りなく減塩を

塩分を摂りすぎると、胃粘膜を傷め、胃がんのリスクが高まります。また、細胞のミネラルバランスがくずれるため、胃がんだけでなく、さまざまながんや生活習慣病の一因となります。料理には、だしや香辛料、酢、レモンなどを活用し、塩分はゼロに近づけましょう。漬け物などの塩蔵品、練り製品やハム、ウインナーなどの加工品も禁止です。

2 動物性たんぱく質 四足歩行の動物を制限

牛・豚・羊などの四足歩行の動物の脂肪を摂りすぎると、がんにかかる危険性が高まることが知られていますが、最近の研究で、その他の動物性たんぱく質もがんのリスクを高めることがわかってきました。がん患者さんは、体質改善が進むまで、四足歩行動物の摂取は一切禁止な上、鶏はささみや皮なし胸肉、魚なら新鮮な白身魚か青魚を、少量にします。

3 新鮮な無農薬野菜と果物を大量に摂る

野菜や果物には、がんの原因となる活性酸素を除去するポリフェノールやカロテノイド、フラボノイドなどのファイトケミカルが豊富です。また、代謝を高めるビタミン、ミネラル、酵素も多く、野菜・果物の大量摂取は不可欠です。栄養の損失を防ぐため、無農薬か低農薬のものを生で摂取するのが理想です。ジュースは作り置きせずに搾り立てを。

4 胚芽を含む穀物、豆類、芋類を摂る

米や麦の胚芽部分には、ビタミンB群やビタミンE、抗酸化物質のリグナンやフィチン、食物繊維など、がんの改善に有効な栄養素が豊富です。主食は、それらをまるごと摂れる玄米や胚芽米が理想です。また、豆類や芋類もビタミンや食物繊維が多く、とくに大豆には、がん抑制効果のある大豆イソフラボンが含まれているので、毎日摂るようにしましょう。

5 乳酸菌（ヨーグルト）、海藻類、きのこ類を摂る

ヨーグルトには、腸内の善玉菌を増やす働きのある乳酸菌が含まれていて、がんの抑制に効果があります。プレーンヨーグルトを1日に３００グラムを目安に摂るようにましょう。また、海藻類にはフコイダン、きのこ類にはβ-グルカンという免疫賦活物質や食物繊維が豊富に含まれていますので、毎日の食事に積極的に取り入れましょう。

6 レモン、はちみつ、ビール酵母を摂る

代謝によってＡＴＰというエネルギー物質を産出する体内の仕組みを円滑にするため、クエン酸を多く含むレモンの摂取が欠かせません。良質なはちみつは、ビタミン、ミネラルなどを含み、免疫力をアップします。ビール酵母は、アミノ酸と良質なたんぱく質を補完するために必要です。がん患者さんには「エビオス錠」を朝晩10錠ずつ飲んでもらいます。

7 油はオリーブ油かごま油、菜種油に

大豆油やコーン油、綿実油などの植物油の脂肪酸には、摂りすぎるとがんや生活習慣病の要因になるといわれるリノール酸が多く含まれています。がん患者さんは、これらを避けて、オレイン酸が豊富なオリーブ油やゴマ油、菜種油を使用しましょう。とくにオリーブ油とゴマ油は、加熱しても酸化しにくいので、調理に使用するといいでしょう。

8 自然水の摂取、禁酒・禁煙

水分は代謝に不可欠で、がんの食事療法では飲み水の選択も重要です。塩素やフッ素などが添加されている水道水は避け、できるだけ清浄な環境の井戸水やわき水などの自然水か、市販品のナチュラルミネラルウォーターを利用しましょう。お酒は胃壁を傷めるので、症状が改善するまでは禁止です。たばこは、がんに限らず、健康に百害あって一利なし。

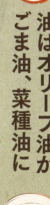

がん予防に効く！

有効な栄養素と食材

健康を保つための重要な栄養成分

たんぱく質、炭水化物、脂質、ビタミン、ミネラルは、人体の基盤となる必要不可欠な栄養成分で、５大栄養素といわれています。食物繊維は、消化管運動促進に役立つ、第６の栄養素としての概念が確立されています。それに加え、１９８０年代以降、新たに第７の栄養成分といわれる「ファイトケミカル」が登場しました。

ファイトケミカルは、植物由来の抗酸化物質で、野菜や果物、豆類などに含まれ、体内で抗酸化力を発揮し、活性酸素の攻撃から細胞を守る働きをするため、がんや生活習慣病の予防などに有効です。前記の栄養素のように、摂取量が少なくても欠乏症を引き起こすことはありませんが、健康維持のためには必要な成分です。

具体的には、β-カロテンやリコピン、アントシアニンなどがファイトケミカルの一種です。食事療法でも大いに活用します。効果的な調理法は、トマトのリコピン、にんじん・かぼちゃのβ-カロテン、ブロッコリー・赤ピーマンのルテインは油で炒めると体内の吸収が上がります。

有効成分を科学的に解明

アメリカでがんによる死亡者の増加が深刻になった１９９０年、アメリカのがん国立研究所が中心となり、がん予防に効果のある植物性食品を対象に研究する「デザイナーフーズ・プロジェクト」が立ち上がりました。そして、がん抑制の重要度が高い順にグループ分けした「デザイナーフーズ・ピラミッド」を発表したのです。ピラミッドの上段にあるほど、がん予防の効果が高い食品となります。食事療法では、抗酸化物質やビタミンを多く取り入れることで、代謝を改善し、リンパ球や白血球を活性化させることにより、免疫能を上げることを目指します。

しかし、栄養に優れているからといって、デザイナーフーズ・ピラミッド上段の食材ばかりを大量に摂っても効果は望めません。いろいろな食品からバランスよく摂取することが大切なのです。

事実、『２００７年世界がん研究基金』の研究で、β-カロテンが良いからと、サプリメントで栄養素単体を大量摂取したら、逆効果だったとの結果もでています。

がん予防の効果がある食品ピラミッド

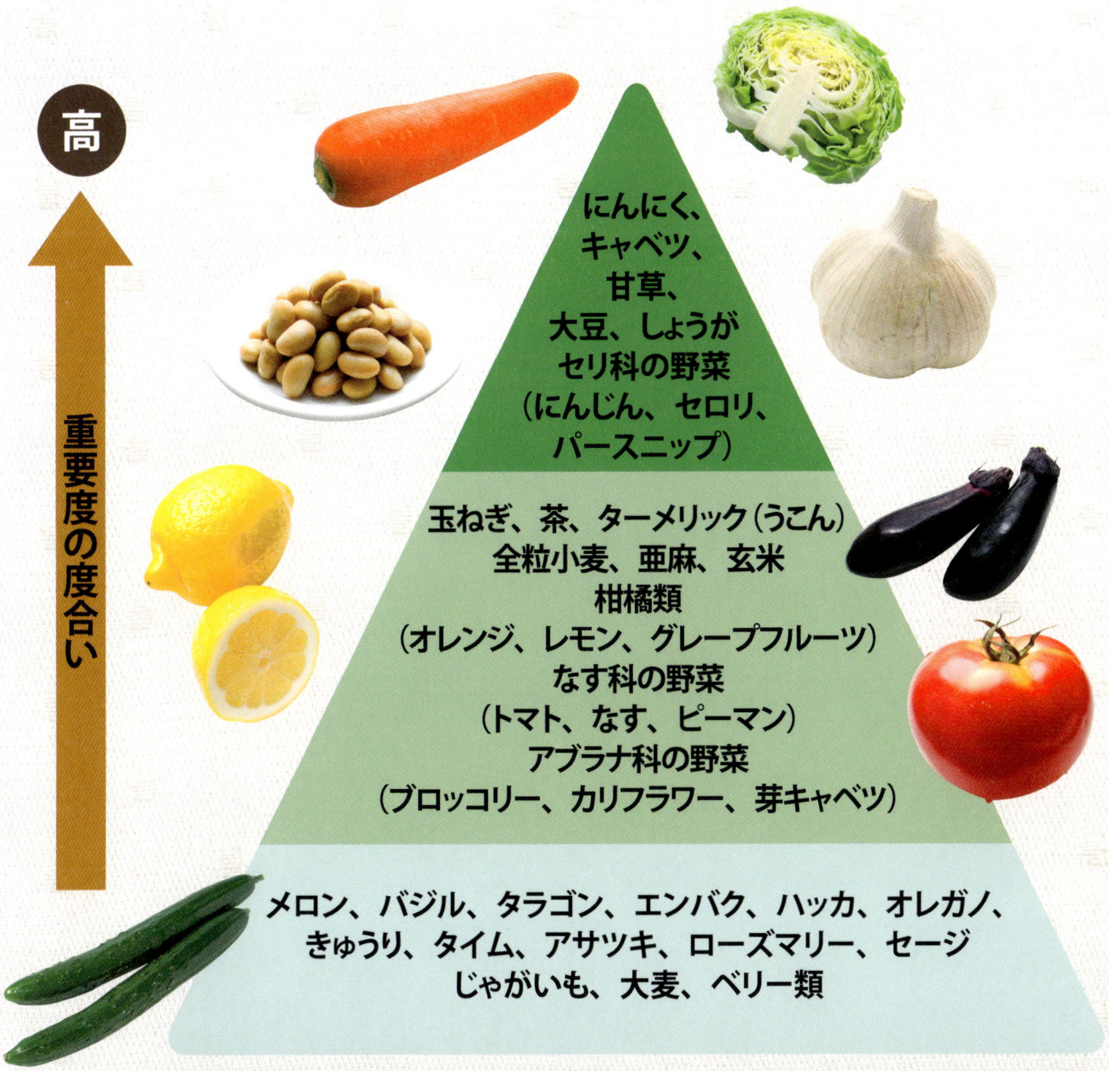

白血球数を増やす野菜

①にんにく　②しその葉　③しょうが　④キャベツ

サイトカイン分泌能力のある野菜

①キャベツ　②なす　③大根　④ほうれん草　⑤きゅうり

サイトカイン分泌能力のある果物

①バナナ　②スイカ　③パイナップル　④ぶどう　⑤なし

デザイナーズフードリスト（がん予防の可能性のある食品）アメリカ国立がん研究所発表

積極的に摂り入れて、がん克服を目指す

臓器別　有効な食材

人体の各臓器の解剖学的位置、特徴的機能の視点から、がん臓器の改善に有効と思われる 食品を選びだしました。摂取により病態の改善が半数以上認められたものを列挙しますが、この結果を得た大半は、玄米・菜食、および塩分と動物性脂肪、たんぱく摂取制限を基盤とした食事との融合によるものです。

肝臓がん

抗がん食材

貝類

ココがすごい

タウリンが血流をよくし、肝臓の代謝を改善

抗がん食材

果物（とくにレモン）

ココがすごい

最強の抗酸化活性をもつレモンで肝臓がんに対抗

抗がん食材

パパイヤ

ココがすごい

イソチオシアネートが解毒酵素を活性化させて発がん物質を無毒化

抗がん食材

小松菜 にんにく

ココがすごい

小松菜のグルタチオン、にんにくのアリシンの抗酸化作用に期待

白血病

抗がん食材

にんじん

ココがすごい

β-カロテンが前骨髄球性白血病の治療に有効との報告あり

抗がん食材

梅エキス

ココがすごい

青梅由来のエキスが白血病細胞抑制に有効

抗がん食材

はちみつ（花粉）

ココがすごい

はちみつに含まれる花粉には免疫力を高めるアミノ酸やビタミン、ミネラルが豊富といわれる

抗がん食材

じゃがいも

ココがすごい

熊本大学の実験で、じゃがいもの搾り汁の摂取が白血病細胞抑制に有効性があるとの報告あり

抗がん食材

青汁

ココがすごい

抗酸化作用の強いビタミンやミネラルが豊富

すい臓がん

制限嗜好品

四足歩行動物の肉

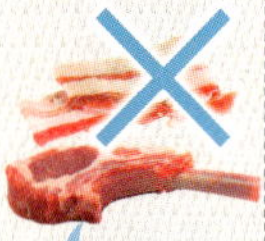

ココがリスク

四足歩行の動物性タンパク質は、がんの発生・悪化を促す要因となる恐れがある

抗がん食材

パパイヤ

ココがすごい

たんぱく質分解酵素のパパインが豊富で、すい臓の働きを助ける

抗がん食材

はちみつ

ココがすごい

果糖やブドウ糖が多く、糖の代謝がスムーズになり、細胞エネルギー産出に役立つ

抗がん食材

大根 レモン

ココがすごい

大根のジアスターゼがすい臓の働きを助け、レモンのビタミンCが活性酸素を抑制する

胃がん

制限食材

塩分

ココがリスク

塩分が胃の粘膜を荒らすため、胃がんの場合は特に減塩を徹底する

抗がん食材

梅エキス

ココがすごい

強力な殺菌作用で胃がんの要因となるピロリ菌を撃退

抗がん食材

緑茶

ココがすごい

豊富に含まれるポリフェノールが抗酸化活性を示し、がんの進行を妨げる

抗がん食材

ヨーグルト

ココがすごい

乳酸菌が胃がんの要因となるピロリ菌を減らす

抗がん食材

大量のジュース

ココがすごい

新鮮な野菜に含まれるカリウムが胃に直接作用し、代謝を高める

食道がん

制限嗜好品
タバコ
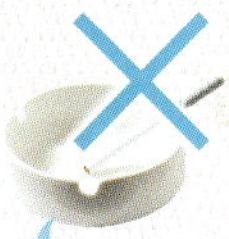
ココがリスク
アルコールに溶けたニコチンタールは特に危険。酒とタバコのセットで食道がんの発生率は14倍

制限食材
酒

ココがリスク
食道壁を荒らすアルコールは食道がんの大きな要因となる

制限食材
塩分

ココがリスク
塩分過多が粘膜細胞を荒らすため、胃がん同様に塩分は極力控える

抗がん食材
鮭

ココがすごい
強い抗酸化作用のあるアスタキサンチンが腫瘍を抑制

抗がん食材
かぼちゃ

ココがすごい
皮のすぐ内側に多くあるβ-カロテンが食道の粘膜強化に働く

乳がん

制限食材
乳製品

ココがリスク
ホルモンバランスに影響を与える場合があるので、乳がんの場合は、なるべく避けた方がいい

抗がん食材
青汁

ココがすごい
ゲルソン療法では半年間青汁を飲んだ患者4名のうち2名が改善した報告がある

抗がん食材
プルーン

ココがすごい
プルーンエキスの大量飲用で乳がんの改善傾向が見られた

抗がん食材
大豆・大豆加工食品

ココがすごい
女性ホルモンに似た働きをするイソフラボンが先回りをして女性ホルモンの働きを抑制する

大腸がん

制限嗜好品
四足歩行動物の肉
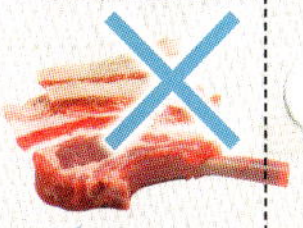
ココがリスク
四足歩行の動物性タンパク質は腸内で悪玉菌が増える原因となるため特に大腸がんは肉を制限する

抗がん食材
無糖ヨーグルト

ココがすごい
血中リンパ球を増加させ、免疫力を向上させる

抗がん食材
いちじく

ココがすごい
排便を促す作用があり、便秘による腸壁の炎症を防ぐ

抗がん食材
りんご

ココがすごい
腸内細菌層が酸性に傾くことで、悪玉菌を抑制し、善玉菌が増えやすい環境を整える

抗がん食材
野菜（さつまいも）

ココがすごい
食物繊維ペクチンが腸内環境を整えて有害物質を排除する

肺がん

制限嗜好品
タバコ

ココがリスク
ニコチンやタールが発がんの大きな要因であるため、禁煙は絶対条件

抗がん食材
らっきょう

ココがすごい
明治薬科大学で肺がんの改善にらっきょうが有効であるとの実験報告あり

前立腺がん

抗がん食材
トマト

ココがすごい
リコピンが前立腺の抗酸化に効果的

抗がん食材
大豆・大豆加工食品

ココがすごい
大豆に多く含まれるイソフラボンが男性ホルモンをブロック

悪性リンパ腫

抗がん食材
青汁

ココがすごい
抗酸化作用の強いビタミンやミネラルが豊富

抗がん食材
レモン

ココがすごい
細胞エネルギーを生むクエン酸代謝を活性化

卵巣がん

抗がん食材
ザクロ

ココがすごい
果汁に含まれるエストロゲンに女性ホルモンの安定させる作用がある

制限食材
牛乳・乳製品

ココがリスク
ホルモンバランスに影響を与える場合があるので、卵巣がんの場合は、なるべく避けた方がいい

結腸リンパ腫とリンパ節転移のがんが食事療法と化学療法で６ヶ月後完治

Ｙ・Ｍさん／会社役員・65歳

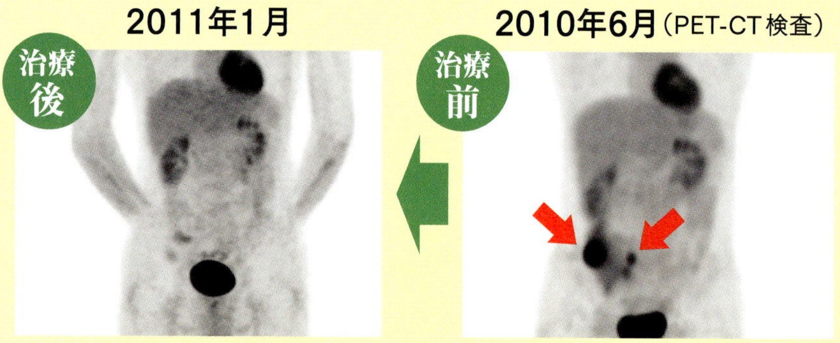

直径6cmの結腸リンパ腫と腫大したと直径1cmの付属リンパ節が、抗がん剤治療と食事療法を併行して行ったところ約6ヶ月ですべて消失。

肺がんから悪性リンパ腫に

私は体を動かすのが好きで、体調も良かったため健康には自信がありました。しかし２００７年の秋、肺に１cmの影がみつかり、肺の左上葉を部分切除しました。術後経過もよく、２０１０年には趣味のトライアスロン大会に出場できるまでに回復をしました。しかし、大会１週間後から腹痛に襲われるようになり、６月末のＰＥＴ検査の結果、大腸がんとリンパ節転移がわかりました。済陽先生と相談した結果、抗がん剤治療と食事療法を併用することになりました。食事は多種類の野菜を食べるために、副菜は野菜料理を７品以上を原則にしました。野菜の解毒作用のおかげか、３週間ごと６クール行った抗がん剤治療の副作用も次第でやわらいでいき、抗がん剤投与から半年後の２０１１年１月のＰＥＴ、ＣＴ検査では影が全部消えてなくなっていました。

副菜1

きのこのガーリック炒め

材料・作り方（1人分）

1 まいたけ（50g／½パック）は小房に分ける。
2 にんにく（5g／1片）はみじん切りにする。
3 フライパンにオリーブ油（13g／大さじ1）を熱し、2を炒め1を入れてさらに炒め、こしょう（少々）で調味する。

124kcal／塩分0.0g

副菜2

青菜類のごま和え

材料・作り方（1人分）

1 小松菜（30g）はゆでて、3cm長さに切り、水気をしぼる。
2 ボウルにすりごま（白／5g）・砂糖（1g）・減塩醤油（2g／小さじ⅓）をよく混ぜて1を加えて和える。

34kcal／塩分0.2g

Y.Mさんが欠かさない副菜6品+玄米ご飯

基本の主食

雑穀米ごはん

材料・作り方（1人分）

1 十六穀米（25g）・白米（25g）を合わせて洗う。

2 1・水（75cc）を炊飯器に入れて炊く。

174kcal／塩分0.0g

副菜4

酢ごぼうのにんにくみそ

材料・作り方（1人分）

1 ごぼう（20g）は皮をむき、3㎝長さに切ってから、マッチ棒程度の太さになるように切り、水にさらす。

2 耐熱容器に水気を切った1・酢（30g／大さじ2）を入れてラップをし、電子レンジで4〜5分加熱する。（酢はごぼうが半分つかるくらい）

3 2を冷まし、にんにくみそ（6g／小さじ1）を和える。

29kcal／塩分0.2g

副菜6

黒豆

材料・作り方（1人分）

1 器に市販の黒豆（30g）を盛る。

57kcal／塩分0.1g

副菜3

サツマイモの甘煮

材料・作り方（1人分）

1 さつまいも（40g）は洗い、皮付きのままいちょう切りにする。

2 耐熱容器に1・昆布の細切り（1g）・みりん（6g／小さじ1）・水（15g／大さじ1）を入れて電子レンジで加熱する。

68kcal／塩分0.1g

副菜5

酢れんこんの梅和え

材料（1人分）

れんこん…20g
山海ぶし（市販）…5g（小さじ1）
※梅干・かつお節・しそが混ざったもの
ごま（白）…3g
酢…30g（大さじ2）
酢水…適量

作り方

1 れんこんを皮ごと薄切りにして、酢水にさらす。

2 耐熱容器に水気を切った1・酢を入れてラップをし、電子レンジで4〜5分加熱する。（酢はれんこんが半分つかるくらい）

3 2を冷まし、山海ぶし・ごまを和える。

43kcal／塩分0.2g

定番 +「豆腐とささみのハンバーグ」弁当

※P.12〜13参照

4足歩行動物肉は避ける

豆腐とささみのハンバーグ

432kcal／塩分0.7g

材料（1人分）

木綿豆腐…75g（¼丁）
たまねぎ…100g（½個）
鶏ささみひき肉…90g
卵…25g（½個）
生パン粉…3g（大さじ1）
こしょう…少々
オリーブ油…13g（大さじ1）
大根…150g（5㎝）
青しそ…2g（2枚）
ポン酢…6g（小さじ1）

作り方

1 木綿豆腐は水切りし、たまねぎは皮をむいてみじん切りにする。
2 ボウルに1・鶏ささみひき肉・卵・生パン粉・こしょうを混ぜ合わせ、小判型にする。
3 フライパンにオリーブ油を熱し、2を焼く。
4 大根は皮をむいてすりおろして水切りし、青しそはせん切りにする。
5 器に3を盛り、4をのせ、ポン酢をかける。

定番＋「鶏むね肉とピーマンの炒め」弁当

※P.12～13参照

ピーマンの抗酸化力は絶大

鶏むね肉と ピーマンの炒め

350kcal／塩分1.1g

材料（1人分）

鶏むね肉…150g
片栗粉…適量
ピーマン…15g（½個）
赤パプリカ…75g（½個）
黄パプリカ…75g（½個）
にんにく…5g（1片）
しょうが（すりおろし）…5g
オイスターソース…6g（小さじ1）
焼肉のたれ…3g（小さじ½）
こしょう…少々
オリーブ油…13g（大さじ1）

作り方

1 鶏むね肉はそぎ切りにし、片栗粉をまぶす。
2 ピーマン・赤パプリカ・黄パプリカは種を取り、細切りにする。
3 にんにくは皮をむいてみじん切りにする。
4 フライパンにオリーブ油を熱し、3を炒め、1を加えてさらに炒める。
5 4に2・しょうが・オイスターソース・焼肉のたれ・こしょうを入れて炒め合わせる。

4個あった肝臓がんのうち8ケ月後に3個が消滅

K・Sさん／医師・55歳

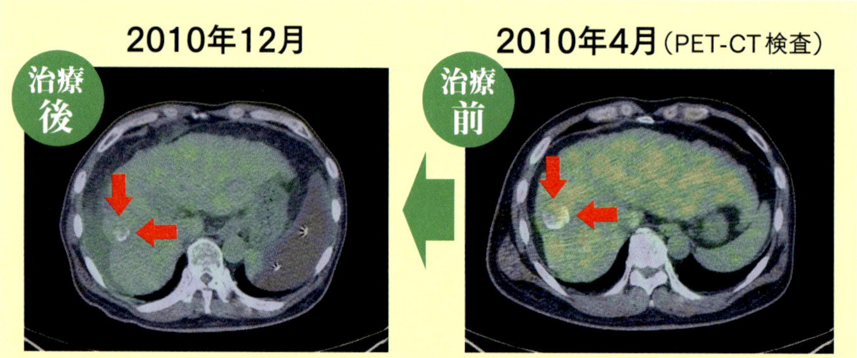

肝臓に多発していた4個の腫瘍（画像はそのうち最大の直径4㎝のもの）が食事療法と肝動脈塞栓術で、1.5㎝に縮小した1個を残すのみとなった。

針刺し事故で肝臓がんに

外科系勤務医として働く私は、１９９１年8月にＣ型感染ウイルス（ＨＣＶ）陽性患者の手術中に、針刺し事故を起こしてしまいました。直後の検査ではＣ型感染ウイルスは陰性で安心していたものの、肝機能の状態を示すＡＳＴとＡＬＴの数値がそれぞれ60、90（IU／L）と高かったため、定期検査を続けました。（正常値は10～40）

２０１０年1月頃から肝臓がんの腫瘍マーカーであるＡＦＰ値が上昇し、消化器系内科でＣＴとＭＲＩ検査を受けたところ、Ｃ型慢性肝炎から肝硬変が進行して多発肝細胞がんも合併していました。肝臓には4個がんがあり、大きいものは４㎝ありました。肝動脈化学塞栓法（ＴＡＣＥ）とラジオ波焼灼療法（ＲＦＡ）を行ったものの、思うような結果が得られず悩んでいました。

そんな頃、済陽先生の書籍に出会い、ＰＥＴ検査をしていただけることになりました。検査の結果、肝臓にがんが多発していてＡＦＰが１８０（正常値は10以下）γ-ＧＴＰが４２０（正常値は10～50）と大変危険な状態であることが判明。今までは寝不足で疲れていても、患者さんのために脂っこい高カロリー食でスタミナをつけて乗り切ろう！と毎日自分を奮い立たせていましたが、まずは自分の体を治すべく、済陽式食事療法の徹底を始めました。

中でも自分の場合はとくに油脂の摂り過ぎがいけなかったと感じたので、脂っこいものを避ける。鉄分の値を示すフェリチンが通常の人よりかなり高かったため、肝臓にいいとされるタウリンは鉄分の多い貝からではなく、薬で服用しました。毎食に大量の抗がん野菜を食べるのはもちろんのこと、外食は弁当を持参し、にんじん・ごぼう・トマト・赤パプリカ・ピーマンなど抗がん作用の強い野菜、大豆製品、未精製穀類、新鮮な平飼いの卵などを入れたものを持参しました。

局所療法と徹底した食事療法を併用しながら続けた結果、２０１１年8月にはＡＦＰが30に、γ-ＧＴＰは94にまで下がり、肝臓にあった影も消えました。

「お野菜たっぷりサンドイッチ」弁当

サラダをたっぷり食べられる

野菜卵サンド

材料・作り方（1人分）

1 全粒粉パン（6枚切り1枚）は半分に切り、レタス（60g／2枚）はパンの大きさに合わせてちぎり、きゅうり（50／½本）・トマト（75g／½個）・アボカド（50g／¼個）・ゆで卵（50g／1個）はスライスする。

2 全粒粉パンに1をのせ、レモン汁（15g／大さじ1）・こしょう（黒／少々）をふり、全粒粉パンではさむ。

386kcal／塩分1.0g

水分が多いメニューはスープジャーで携帯

大豆と野菜のトマト煮

材料（1人分）

大豆（水煮）…30g
たまねぎ…50g（¼個）
じゃがいも…50g（½個）
なす…20g（¼本）
セロリ・ズッキーニ…各10g（⅒本）
エリンギ…25g（½本）
にんにく…2g（½片）
カットトマト（缶詰）…70g
オリーブ油…2g（小さじ½）
ローリエ…1枚　水…50cc
粉末鶏がらだし…0.5g
オレガノ・減塩塩・こしょう…少々

作り方

1 たまねぎは皮をむいてスライス、じゃがいもは皮をむいて乱切り、なす・セロリ・ズッキーニ・エリンギは乱切りにする。

2 にんにくは皮をむいてみじん切りにする。

3 鍋にオリーブ油を熱し、2を炒めて、1を加えてさらに炒める。

4 3に大豆・カットトマト・ローリエ・粉末鶏がらだし・水を加えて煮る。

5 野菜がやわらかくなったら、オレガノ・減塩塩・こしょうで味を調える。

148kcal／塩分1.0g

「がんもの煮物」弁当

主菜は大豆製品で

がんもの煮物

149kcal／塩分0.6g

※汁は全て煮含めず、残りの煮汁は飲まない

材料（1人分）

五目がんもどき…60g（2個）
みりん…6g（小さじ1）
減塩醤油…6g（小さじ1）
かつお節…ひとつかみ
昆布…1g
水…200cc

作り方

1 鍋に水・昆布を入れて火にかけ、沸騰直前に昆布を取り出して沸騰したらかつお節を入れて火を止め、かつお節が沈んだらこす。
2 1に五目がんもどき・みりん・減塩醤油を入れて煮る。

活性酸素から体を守る
β-カロテンが豊富

ほうれん草の胡麻和え

材料・作り方（1人分）

1 ほうれん草（90g）はゆでて水気をしぼり、3㎝長さに切る。

2 ボウルにだし汁（15g／大さじ1）・すりごま（15g）・減塩醤油（2g／小さじ⅓）を混ぜ、1を和える。

110kcal／塩分0.2g

ポリフェノールが豊富で
最高のデザートに

プルーン

材料（1人分）

プルーン…2個

47kcal／塩分0.0g

リコピンで抗がんに

ミニトマト

材料（1人分）

ミニトマト…40g（4個）

11kcal／塩分0.0g

ゆで汁に栄養素を
逃がさない

レンジ野菜

材料・作り方（1人分）

1 ブロッコリー（40g）は小房に分け、アスパラ（25g）は食べやすい長さに切る。

2 1を水にくぐらせ、ラップで包み、電子レンジで加熱する。

19kcal／塩分0.0g

ゴボウのポリフェノールは
水にさらさずに摂取

きんぴらごぼう

材料・作り方（1人分）

1 泥つきごぼう（50g）・にんじん（30g／3㎝）は皮をむいて細切り、れんこん（80g）は皮をむいていちょう切りにする。

2 フライパンに1を入れて炒め、火が通ったらみりん（6g／小さじ1）・減塩醤油（6g／小さじ1）で調味する。

98kcal／塩分0.6g

抗酸化成分、
ビタミンEがたっぷり

玄米おにぎり

材料・作り方（1人分）

1 玄米ごはん（120g）・しそ風味ごま入りひじきふりかけ（3g）を混ぜ、俵型に握る。

211kcal／塩分0.4g

平飼いの鶏の卵を使用

だし巻き卵

材料・作り方（1人分）

1 ボウルに卵（50g／1個）・減塩だし醤油（6g／小さじ1）を入れてよく混ぜる。

2 フライパンを熱して1を流し入れ、手前から巻いてだし巻き卵を作る。

3 2を食べやすい大きさに切る。

81kcal／塩分0.2g

市販の弁当や惣菜に含まれる

済陽式８箇条を守っているつもりが実は食品添加物の落とし穴が…

発がんリスクの高い食品添加物

名称	多く含まれる加工食品
亜硝酸ナトリウム （亜硝酸Na） ※食品の黒ずみを防止	コンビニ弁当、駅弁、いくら、すじこ、たらこ、ハム、ベーコン、ウインナー、ソーセージ、魚肉ソーセージ、
亜硫酸ナトリウム （亜硫酸Na） ※防腐剤、漂白剤	コンビニ弁当、駅弁、かに缶詰、ワインなど
漂白剤 （次亜硫酸ナトリウム、過酸化水素）	カット野菜、パック入りサラダ、冷凍えび、甘納豆（色の濃い甘納豆には使用されてない）、かずのこ
タール色素 （赤102、黄4、青1など） ※発色、色持ちの良さ	野菜・果物ジュース、グリンピース缶詰、フルーツ缶詰、漬け物、ゼリーなど
ソルビン酸 ※防腐剤、保存料	コンビニ弁当、駅弁、惣菜、菓子パン、ハム、ベーコン、ちくわ、かまぼこ、はんぺん、魚肉ソーセージ、さきいか、さつま揚げ、つけもの
亜息香酸ナトリウム （亜息香酸Na） ※保存料	栄養ドリンク、炭酸飲料
防カビ剤 （オルトフェニルフェノール［OPP］、オルトフェニルフェノールナトリウム［OPP-Na］、チアベンダゾール［TBZ］、イマザリル、ジフェニル）	オレンジ、レモン、グレープフルーツ（国産ものは使用されてない）
スクラロース ※人工甘味料	アミノ酸飲料、炭酸飲料
アスパルテーム （アスパルテーム・L-フェニルアラニン化合物） ※人工甘味料	アミノ酸飲料、コーラ、ガム、あめ、ダイエット甘味料
カラギーナン ※とろみづけ、増粘剤	調整豆乳など
臭素酸カリウム （臭素酸 K） ※小麦粉処理剤	食パンなど

済陽式食材でよく使うので要注意！

\ 忙しい朝も簡単！ /

抗がん野菜たっぷり作りおき弁当

野菜たっぷりオムレツ弁当

まん丸ごま玉子弁当

副菜、主菜、主食のどれを食べてもたっぷりの抗がん野菜が摂れるのが特徴。1度に4食分ずつ作れるレシピだから、時間がある時に用意して、朝つめるだけでOK。飲み物は自宅で煎れたお茶を持参するのが、がんに勝った人たちの共通点。

済陽式

主菜、副菜、主食を足しても塩分1食2g以下！

抗がん弁当ルール

① 1食の塩分2g以下！　作りおきで朝らくちん

主菜

〈主菜ルール〉
塩分1g以下

＋

副菜1

副菜2

〈副菜ルール〉
1品の塩分0.5g以下

＋

主食

〈主食ルール〉
塩分0g

＝

1食合計

塩分2.0g以下

② 未精製食品を選択

白米や精白した穀類はNG。無農薬玄米に雑穀を混ぜたのがベスト

③ 四足歩行動物、赤身魚はNG

四足歩行動物や酸化しやすい赤身魚はNG。大豆製品や鮭がもっともおすすめ

4 1食で「抗がん野菜」が350g以上が摂れる！

済陽式食事療法で治った方々は、効果的といわれる食材1種だけを食べるのではなく、数多くの食材の栄養を食事で摂ることを心がけています。 抗酸化成分が多く含まれ、治った方々がよく食べていたのが下記食品などです。本書はファイトケミカルが生きた状態で体に取り入れられる調理法をした「済陽式抗がん野菜」が350g以上摂れるのが特徴です。

済陽式抗がん野菜

キャベツ

根菜類

ピーマン
パプリカ

かぼちゃ

海藻類

いも類

青菜類

きのこ類

ねぎ類

豆類

無農薬かわからないときの対処法

実践1 一晩水につけて農薬除去

にんじんや葉野菜は
水につければ大丈夫
レモンは防カビ剤
だから水につけて
も落ちない

実践2 外葉を取る

国産無農薬野菜・果物を使うのが望ましいが、国産低農薬野菜・果物を使う場合は１晩水につけることでかなり農薬を落とせます。（農林水産省では収穫10日前から水で落ちる農薬しか使用許可がでていないため。）外国産の農産物は、水で落ちない農薬や防カビ剤が使用されている場合があるので、極力避けます。葉野菜は外葉を取るのがのぞましい。

抗がん弁当組み合わせ例

タラ野菜ハンバーグ弁当

塩分 **1.1g**　抗がん野菜 **479g**

> **MEMO**
> 一般的なお弁当箱は500mℓサイズが基本だが、お野菜たっぷり抗がん弁当は1000mℓの大容量が基本。

主菜

「タラ野菜バーグ
ハニーレモン醤油」
塩分：0.6g
抗がん野菜：100g

主食

「にんじんごはん」
塩分：0.0g
抗がん野菜：25g

副菜1

「パプリカのだしマリネ」
塩分：0.0g
抗がん野菜：193g

副菜2

「きのこの洋風きんぴら」
塩分：0.5g
抗がん野菜：161g

まん丸ごま玉子弁当

塩分 **1.3g**　抗がん野菜 **475g**

> **MEMO**
> お弁当のしきりはレタスなどの葉野菜にすると、ゴミもでない上、野菜量もアップ。

主菜

「まん丸ごま玉子」
塩分：0.5g
抗がん野菜：126g

主食

「色々お豆の
炊き込みごはん」
塩分：0.0g
抗がん野菜：30g

副菜1

「小松菜のナムル」
塩分：0.4g
抗がん野菜：154g

副菜2

「ピーマンと桜エビの
みそ炒め」
塩分：0.4g
抗がん野菜：165g

野菜たっぷりオムレツ弁当

塩分 **1.0g**

抗がん野菜 **534g**

MEMO
ボリュームがあるので、外出時に市販の食べものを買い食いするのを防げる。

主菜

「野菜たっぷりオムレツ」
塩分：0.5g
抗がん野菜：101g

主食

「お野菜たっぷり玄米炊き込みごはん」
塩分：0.0g
抗がん野菜：43g

副菜1

「きくらげの中華炒め」
塩分：0.5g
抗がん野菜：240g

副菜2

「さつまいものナッツ和え」
塩分：0.0g
抗がん野菜：150g

スープ＆具だくさんおにぎり弁当

副菜

トマトカレースープ
「ごぼうとにんじんとれんこんのトマト煮」
＋だし汁＋カレー粉
塩分：0.1g
抗がん野菜：200g

主食

「コーンごはん」
塩分：0.0g
抗がん野菜：30g

＋

副菜

「根菜のきんぴら」
塩分：0.4g
抗がん野菜：159g

塩分 **0.6g**

抗がん野菜 **389g**

※「だし汁」の塩分0.1g含む

MEMO
スープジャーには前日夜の煮ものなども入れてもOK。

がんに勝った人たちの定番メニュー

副菜 根菜のきんぴら

お弁当の万能おかず

済陽式抗がん野菜がまとめて摂れるおかずNO.1は「きんぴら」

保存と食べ方 冷凍保存したら、前日の晩から冷蔵庫に移して解凍し、当日詰める

冷凍 1週間程度

1食のカロリー	1食の塩分	1食の抗がん野菜
141 kcal	0.4g	159g

材料（4食分）

A
- れんこん（皮をむいていちょう切り）…200g
- ごぼう…120g ┐
- にんじん…120g（$\frac{3}{5}$本）┘ → 皮をむいて細切り
- さつまいも（細切り）…160g
- いんげん（斜め切り）…24g

細切り昆布（乾燥）（水で戻す）…4g

水…120cc

りんごたまねぎジャム（P.77参照）…100g

減塩醤油…12g（小さじ2）

ちりめんじゃこ…20g

ごま（白）…4g

作り方

1 フライパンで炒める

フライパンにA・水（120cc）で戻した昆布を戻し汁ごと入れ、水気がなくなり、野菜に火が通るまで炒める。

2 調味する

りんごたまねぎジャム・減塩醤油を加え、絡めるように炒める合わせる。

3 仕上げ

ちりめんじゃこ・ごまをまぶして器に盛る。

4 保存容器に入れる

1食分ずつ分けて保存容器に。作りたてより、冷凍保存後の方が味がなじんでおいしくなる。

人気の抗がん食材を使った

きんぴらバリエーション

副菜

ゴーヤのビタミンCは加熱に強い

カラフルきんぴら

冷凍 1週間程度

材料（4食分）

A
- ピーマン（種を取って細切り）…120g（4個）
- 赤パプリカ・黄パプリカ・オレンジパプリカ（種を取って細切り）…各120g（¾個）
- ゴーヤ（種とワタを取って薄切り）…80g
- たまねぎ（皮をむいて薄切り）…120g（⅗個）

なたね油…8g（小さじ2）

らっきょうの甘酢漬け（薄切り）…80g

りんごたまねぎジャム（P.77参照）…40g

作り方

1 フライパンになたね油を入れ、Aを加えて炒める。

2 野菜がしんなりしてきたら、らっきょうの甘酢漬け・りんごたまねぎジャムを加えて炒め合わせる。

92kcal／塩分0.4g　抗がん野菜190g

保存と食べ方　1食分ずつ分けて冷凍。前日の晩から冷蔵庫に移して解凍し、入れる。

副菜

β-グルカン豊富なきのこの組み合わせ

きのこの洋風きんぴら

冷凍 1週間程度

材料（4食分）

A
- しめじ（根元を切ってほぐす）…160g（1・½パック）
- まいたけ（ほぐす）…160g（1・½パック）
- しいたけ（石突きを取ってスライス）…160g（8枚）
- エリンギ（薄切り）…160g（3本）

オリーブ油…8g（小さじ2）

粒マスタード…24g（小さじ4）

りんごたまねぎジャム（P.77参照）…40g

ナッツ（無塩）（砕く）…40g　パセリ（生）…4g

作り方

1 フライパンにオリーブ油を熱し、Aを入れて炒める。

2 きのこ類に火が通ったら、粒マスタード・りんごたまねぎジャムを加え、水分がなくなるまで炒める。

3 器に盛り、ナッツ・パセリを散らす。

127kcal／塩分0.5g　抗がん野菜161g

保存と食べ方　1食分ずつ分けて冷凍。前日の晩から冷蔵庫に移して解凍し、入れる。

主食と副菜を
包むだけ

具だくさんおにぎり 基本の作り方

353kcal／塩分0.4g　抗がん野菜163g

材料（1食分）

「桜えびごはん」（P.75参照）…1食分
「根菜のきんぴら」（P.26参照）…1食分
焼きのり…1・¼枚

作り方

1

ラップを焼きのりより大きめに切り、中央に焼きのりを置く。中央に温めた「桜えびごはん」を乗せる。

2

「桜えびごはん」の上に「根菜のきんぴら」を乗せる。

3

「根菜きんぴら」を隠すように残りの「桜えびごはん」乗せる。

4

上に¼枚にカットした焼きのりを乗せる。

5

下の焼きのりでごはんを包む。

6

ラップでしっかり包み、焼きのりがごはんになじむように少し置いておく。

7

ラップごと切る。

根菜類たっぷり

主菜 根菜と厚揚げの煮物 ゆず風味

材料（4食分）

A
- ごぼう…160g
- れんこん…160g
- にんじん…160g（⅘本）
- 大根…80g（3㎝）
- 里芋…120g（2個）

→ 皮をむいて ひと口大に切る

- にぼし…20g　だし汁…600cc（3カップ）

B
- 厚揚げ（ひと口大に切る）…120g
- 減塩醤油…24g（小さじ4）
- 酒…20g（小さじ4）　黒砂糖…12g（小さじ4）

刻みゆず…適量

作り方

1 鍋にAを入れ火にかけ、やわらかくなるまで煮る。
2 1にBを加え、水分がなくなるまで煮る。
3 火を止めて、刻みゆずを加える。

保存方法と食べ方 しっかり水分を飛ばして味をなじませ冷蔵。そのまま入れる。

これが1食分

厚揚げで大豆イソフラボンをプラス

1食量 167 kcal

冷蔵 2日程度

塩分0.8g　抗がん野菜150g

副菜 ごぼうとにんじんとれんこんのトマト煮

材料（4食分）

A
- オリーブ油…39g（大さじ3）
- にんにく…20g（4片）
- しょうが…20g

→ 皮をむいて みじん切り

B
- ごぼう…100g
- にんじん…100g（½本）
- れんこん…100g
- たまねぎ…100g（½個）

→ 皮をむいて ひと口大に切る

C
- なす…60g（¾本）
- ズッキーニ…60g（⅓本）

→ ひと口大に 切る

- 大豆（水煮）…40g
- トマト缶（無塩・無農薬）…200g

作り方

1 鍋にAを入れて炒め、香りがしてきたらBを加え、蓋をして弱火でやわらかくなるまで蒸し煮にする。
2 1にCを加え、水分がなくなるまで煮る。

保存方法と食べ方 しっかり水分を飛ばして味をなじませて冷凍。前日夜から冷蔵庫で解凍し、そのまま入れる。

これが1食分

根菜にトマトの抗酸化作用もプラス

1食量 172 kcal

冷凍 1週間程度

塩分0.1g　抗がん野菜200g

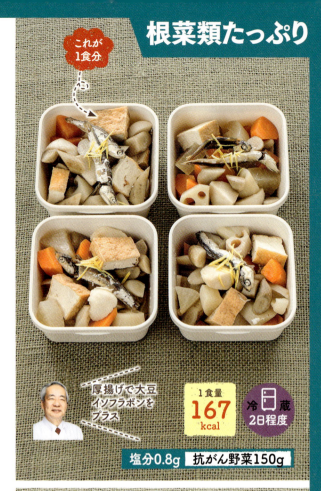

副菜

根菜のからしマヨサラダ

材料（4食分）

A
- ごぼう…140g
- れんこん…140g
- にんじん…140g（¾本）
  → 皮をむいて薄切りし、ゆでる
- 赤パプリカ…40g（¼個）
- 黄パプリカ…40g（¼個）
  → 種を取って薄切り
- きゅうり（薄切り）…40g（⅖本）
- セロリ（筋を取って薄切り）…40g（⅖本）
- 水菜（3cm長さに切る）…20g
- キャベツ（せん切り）…60g（1枚）

練りからし…適量
マヨネーズ…56g（大さじ4）

作り方

1 ボウルに練りからし・マヨネーズを入れて混ぜ、Aを加えて和える。

保存方法と食べ方 調味料を和える前の状態で1食分ずつ分けて冷蔵。調味料で和えて入れる。

副菜

根菜の甘酢炒め

材料（4食分）

A
- なたね油…26g（大さじ2）
- しょうが…20g
- にんにく…20g（4片）
  → 皮をむいて粗みじん切り
- 長ねぎ（粗みじん切り）…40g（2/5本）

B
- ごぼう…160g
- れんこん…120g
- にんじん…120g（⅗本）
  → 皮をむいて薄切り
- さつまいも…80g
- かぼちゃ…80g
  → 薄切り

C
- 減塩醤油…24g（小さじ4）　黒酢…60cc
- はちみつ…56g（大さじ2・⅓）

作り方

1 フライパンにAを入れて熱し、Bを加えて蓋をし、蒸し炒めにする。

2 Cを混ぜ合わせ、1に加えて炒め合わせる。

保存方法と食べ方 1食分ずつ分けて冷凍。冷凍したまま入れて、自然解凍。

主菜

きのこのお好み焼き

アサリ、桜えび、青のりの旨みで減塩

1食量 382 kcal

冷凍 1週間程度

塩分0.5g　抗がん野菜135g

これが1食分

保存方法と食べ方　一つずつラップに包んで冷凍保存。前日晩から冷蔵庫で解凍し、温める。

材料（4食分）

A
- えのき茸（根元を切ってほぐす）…150g（1・½袋）
- まいたけ（ほぐす）…150g（1・½パック）
- しいたけ（石突きを取って薄切り）…160g（8枚）
- 長ねぎ（みじん切り）…40g（⅖本）
- にんにく（皮をむいてみじん切り）…20g（4片）
- たけのこ（水煮）（2cm長さのせん切り）…60g
- アサリ（むき身）…80g
- 桜えび（乾燥）…20g
- 青のり…適量

B 片栗粉…80g　全粒粉…200g

C 水…200cc（1カップ）　卵…200g（4個）

作り方

1 ボウルにBを入れて混ぜる。

2 Cをよく混ぜ合わせて1に加えて混ぜる。

3 2にAを加えて手で混ぜる。

4 フライパンにごま油（16g／小さじ4）を熱し、平たい小判形に成形した3を入れる。

5 片面に焼き色がついたら裏返し、蓋をして弱火で火が通るまで蒸し焼きにする。

抗がん食材をまとめて摂れる

1食量 195 kcal

冷蔵 2日程度

塩分0.3g　抗がん野菜155g

これが1食分

保存方法と食べ方　1食分ずつ分けて冷蔵。食べやすい大きさに切って入れる。

主菜

きのこと豆腐のオーブン焼き

材料（4食分）

木綿豆腐…300g（1丁）　オリーブ油…13g（大さじ1）

A（皮をむいて5mm角切り）
- れんこん…60g
- にんじん…60g（6cm）
- たまねぎ…40g（⅕個）
- じゃがいも…60g（⅗個）

B
- しいたけ（石突きを取って薄切り）…100g（5枚）
- エリンギ…100g（2本）（薄切り）
- マッシュルーム…100g（10個）（薄切り）
- まいたけ（ほぐす）…100g（1パック）

卵…200g（4個）　だし汁…250cc

作り方

1 フライパンを熱して木綿豆腐を入れ、崩しながら水分を飛ばし、そぼろ状になるまで炒めて冷ます。

2 フライパンにオリーブ油を熱しA・Bの順に加え、火が通るまで炒めて冷ます。

3 ボウルに卵・だし汁を入れて混ぜ、1・2を加える。

4 アルミホイルで四角い枠を作り3を入れ、アルミホイルをかぶせてオーブントースターで約20分焼き、食べやすい大きさに切る。

にんにくのアリシンには抗がん作用が

1食量 131 kcal

冷凍 1週間程度

塩分0.3g 抗がん野菜173g

保存方法と食べ方 1食分ずつ分けて冷凍。前日夜から冷蔵庫で解凍し、炒め直す。

主菜 きのこと魚介のオリーブオイル炒め

材料（4食分）

A
- マッシュルーム（半分に切る）…120g（12個）
- しいたけ（石突きを取って4等分）…120g（6枚）
- エリンギ（縦4等分）…120g（2・½本）
- たまねぎ（皮をむいて薄切り）…80g（⅖個）
- 長ねぎ（3cm長さに切る）…80g（⅘本）
- ミニトマト（ヘタを取る）…120g（12個）

にんにく（皮をむいて薄切り）…30g（6片）

オリーブ油…26g（大さじ2）

シーフードミックス（熱湯でゆで、水気を切る）…150g

パセリ（生）…20g

作り方

1 フライパンにオリーブ油・にんにくを熱し、Aを入れて火が通るまで炒める。

2 シーフードミックス・パセリを加え炒める。

副菜 きのこと根菜のしょうが煮 さんしょう風味

材料（4食分）

A
- にんじん…60g（6cm）
- れんこん…60g
- ごぼう…60g
- 大根…60g（2cm）

（にんじん・れんこん・ごぼう・大根）→皮をむいてひと口大に切る

- 昆布（だしの出がらし）（ひと口大に切る）…20g
- だし汁…200cc（1カップ）

B
- しいたけ（石突きを取って4等分）…120g（6枚）
- しめじ…120g（1・⅕パック）
- えのき茸…120g（1・⅕袋）

（しめじ・えのき茸）→根元を切ってほぐす

- まいたけ（ほぐす）…120g（1・⅕パック）
- 酒…60g（大さじ4）　みりん…72g（大さじ4）
- 減塩醤油…18g（大さじ1）

しょうが（皮をむいてせん切り）…20g

さんしょう…適宜

作り方

1 鍋にAを入れ、弱火でやわらかくなるまで煮る。

2 1にBを加え、蓋をしてきのこ類に火を通す。

3 蓋を取ってしょうがを加え、水分を飛ばしながら混ぜ、全体に味を絡ませる。

4 お好みでさんしょうを加える。

きのこ類と根菜類のW抗がん作用

1食量 114 kcal

冷凍 1週間程度

塩分0.4g 抗がん野菜175g

保存方法と食べ方 1食分ずつ分けて冷凍。前日夜から冷蔵庫で解凍し、水気を切って入れる。

※さんしょうは解凍後にお好みで加える。

主菜 キャベツとタコの餃子

材料（4食分）

A
- キャベツ…240g（4枚）
- ゆでタコ…200g
- 長ねぎ…80g（⅘本）
- たけのこ（水煮）…80g

（以上4点 → 粗みじん切り）
- たまねぎ（皮をむいて粗みじん切り）…80g（⅖個）
- しょうが…80g
- にんにく…20g（4片）

（以上2点 → 皮をむいてみじん切り）
- かつお節…5g　減塩みそ…24g（小さじ4）

餃子の皮（全粒粉）…32枚　片栗粉…適量
なたね油…26g（大さじ2）

作り方

1 ボウルにAを入れ混ぜ合わせる。
2 餃子の皮で1を包み、片栗粉を敷いたバットに並べる。
3 フライパンになたね油を熱し、2を焼く。

保存方法と食べ方 焼く前の状態で1食分ずつ分けて冷凍。前日夜から冷蔵庫で解凍し、焼く。

主菜 キャベツと高野豆腐のオイスター炒め

材料（4食分）

高野豆腐（乾燥）…80g（4枚）

A
- にんにく…20g（4片）
- しょうが…20g

（以上2点 → 皮をむいてみじん切り）
- ごま油…30g（大さじ2・1/3）

B
- キャベツ…200g（3・⅔枚）
- たけのこ（水煮）…80g

（以上2点 → 5㎜幅のせん切り）
- にんじん（皮をむいて5㎜幅のせん切り）…80g（8㎝）
- 長ねぎ（斜め薄切り）…80g（⅘本）
- しいたけ（石突きを取って薄切り）…60g（3枚）

C
- だし汁…30g（大さじ2）
- オイスターソース12g（小さじ2）

作り方

1 高野豆腐は水で戻して水気をしぼり、縦横それぞれ2等分して5㎜幅の薄切りにする。
2 フライパンにAを入れて熱し、1・Bを加えて炒める。
3 Cを混ぜ合わせ、2に加えて炒め合わせる。

保存方法と食べ方 冷蔵庫で保存し、そのまま弁当に入れる。

主菜 キャベツのかき揚げ

材料（4食分）

A
- キャベツ…240g（4枚）
- たけのこ（水煮）…50g
- 青しそ…12g（12枚）
- アスパラ…60g（3本）

（キャベツ〜アスパラ）→ 太めのせん切り

- にんじん…100g（½本）
- 大根…60g（2㎝）

（にんじん・大根）→ 皮をむいて太めのせん切り

- 赤パプリカ（種を取って細切り）…50g（⅓個）
- 天ぷら粉…140g
- 水…170cc

揚げ油…適量

作り方

1 ボウルにAを入れて混ぜ合わせる。

2 180℃に温めた揚げ油で1を揚げる。

●揚げ方ポイント
おたまに具材をのせて、油の中に滑り入れるようにすると、まとまりやすくなります。

保存方法と食べ方 1食分ずつ分けて冷凍。前日夜から冷蔵庫で解凍し、オーブントースターで焼く。

副菜 キャベツの青しそ和え

材料（4食分）

A
- キャベツ（せん切り）…320g（5・⅓枚）
- にんじん…200g（1本）
- 大根…40g（1.5㎝）

（にんじん・大根）→ 皮をむいてせん切り

- 減塩醤油…24g（小さじ4）

B
- セロリ（筋を取ってせん切り）…80g（⅘本）
- きゅうり…40g（⅖本）
- 青しそ…10g（10枚）

（きゅうり・青しそ）→ せん切り

- ごま（白）…12g　オリーブ油…32g（小さじ8）
- レモン汁…20g（小さじ4）
- はちみつ…12g（大さじ½）

作り方

1 ジッパー付きの袋にAを入れて、揉み込む。

2 1にBを加え混ぜ合わせる。

保存方法と食べ方 冷凍のまま入れ、自然解凍。

副菜

チンゲン菜のピーナッツ和え

材料（4食分）

A
- チンゲン菜（3cm長さに切る）…400g（4株）
- エリンギ（1cm幅の短冊切り）…200g（4本）
- 赤パプリカ（種を取って縦4等分に切る）…40g（¼個）

B
- ピーナッツ（無塩）（細かく砕く）…20g
- 練りごま（白）…20g
- はちみつ（アカシアかマヌカ）…14g（小さじ2）
- 減塩みそ…12g（小さじ2）
- すりごま（白）…5g

作り方

1 Aをゆでて、水気を切る。

2 ボウルにBを入れて混ぜ合わせ、1を加えて合える。

保存方法と食べ方 冷凍した場合は、冷蔵庫で自然解凍後に入れる。

冷蔵 3日程度

ピーナッツの濃厚な味わいで薄味でも満足に

1食量 92 kcal

冷凍 1週間程度

塩分0.3g 抗がん野菜160g

副菜

小松菜のナムル

材料（4食分）

A
- 小松菜（3cm長さに切る）…250g
- わかめ（乾燥）（水で戻して水気を切る）…3g（戻しで約30g）
- にんじん…80g（8cm）｝→皮をむいてせん切り
- 大根…150g（5cm）｝→皮をむいてせん切り
- キャベツ（せん切り）…100g（1・⅔枚）
- もやし…40g

B
- にんにく（皮をむいてすりおろす）…5g（1片）
- すりごま（白）…5g
- 減塩塩…2g
- ごま油…4g（小さじ1）

作り方

1 鍋にAを入れ、蓋をして中火で5分蒸し炒めで火を通し、粗熱が取れたら水気を切る。

2 ボウルに1・Bを入れて和える。

保存方法と食べ方 冷凍した場合は、冷蔵庫で自然解凍後に入れる。

冷蔵 3日程度

大根の辛み成分には強い抗酸化力が

1食量 47 kcal

冷凍 1週間程度

塩分0.4g 抗がん野菜154g

副菜 水菜の梅炒め

材料（4食分）

A
- 水菜（3cm長さに切る）…250g
- たまねぎ（皮をむいて薄切り）…200g（1個）
- にんじん（皮をむいてせん切り）…80g（8cm）
- きくらげ（乾燥）（水で戻してせん切り）…12g（戻しで約80g）
- 桜エビ（乾燥）…40g

オリーブ油…4g（小さじ1）
しょうが（皮をむいてみじん切り）…15g
低塩梅干し（刻む）…10g（1個）

作り方

1. フライパンにオリーブ油・しょうがを入れて火にかけ、香りがしてきたらAを加えて炒める。
2. 野菜がしんなりしてきたら、低塩梅干しを加えて混ぜて合わせる。

保存方法と食べ方 そのまま弁当に入れる。

副菜 青菜ときのこの炒め

材料（4食分）

A
- しめじ…100g（1パック）、えのき茸…100g（1袋）→根元を切ってほぐす
- まいたけ（ほぐす）…100g（1パック）

B
- にんじん（皮をむいてせん切り）…40g（4cm）
- たまねぎ（皮をむいて薄切り）…40g（1/5個）
- だし汁…150cc

C
- ほうれん草…100g、チンゲン菜…150g →3cm長さに切り、ゆでる

減塩醤油…12g（小さじ2）
水溶き片栗粉…小さじ1

作り方

1. フライパンにAを入れ、焼き色がついてきたらBを加える。
2. 野菜に火が通ったら、C・減塩醤油を加えて炒め、水溶き片栗粉でとろみをつける。

保存方法と食べ方 そのまま弁当に入れる。

副菜 パプリカのだしマリネ

材料（4食分）

赤・黄・オレンジパプリカ…各色150g（1個）ずつ

A
- しめじ（根元を切ってほぐし、ゆでる）…80g（⅘パック）
- ミニトマト（湯むきする）…80g（8個）
- セロリ（筋を取って薄切り）…40g（⅖本）
- たまねぎ（皮をむいて薄切り）…40g（⅕個）
- ズッキーニ（薄い輪切り）…60g（⅓本）

B
- にんにく（皮をむいてすりおろす）…20g（4片）
- だし汁…300cc（1・½カップ）
- レモン汁…45cc　穀物酢…90cc
- はちみつ…132g（大さじ5・½）　こしょう…少々

作り方

1 各色パプリカは種を取り、乱切りにする。

2 保存用器にBを入れて混ぜ、1・Aを加えて一晩漬け置く。

保存方法と食べ方　水分を切ってそのまま入れる。

パプリカはビタミンCとカロテンの宝庫

1食量 160 kcal

冷蔵 3〜4日

塩分0.0g　抗がん野菜193g

※カロリーはマリネ液を全て飲んだ場合

副菜 彩りピーマンと小魚のごま和え

材料（4食分）

A
- ピーマン…240g（8個）
- 赤ピーマン…60g（2個）
  → 種を取って薄切り
- キャベツ（太めのせん切り）…120g（2枚）
- まいたけ（ほぐす）…40g（⅖パック）
- しめじ（根元を取ってほぐす）…100g（1パック）

B
- 細切り昆布（乾燥）（水で戻す）…12g（戻しで約40g）
- 小魚…20g　ごま（白）…12g
- ごま油…39g（大さじ3）

作り方

1 耐熱容器にAを入れ、600Wの電子レンジで約30秒加熱する。

2 1にBを入れて和える。

保存方法と食べ方　1食分ずつ分けて冷凍。冷凍のまま弁当に入れ、自然解凍。

カラーピーマンは普通のピーマンより栄養豊富

1食量 150 kcal

冷凍 1週間程度

塩分0.5g　抗がん野菜150g

副菜 ピーマンのおから詰め焼き

これが1食分

根菜・きのこ・おからで食物繊維も豊富

1食量 156kcal

冷凍 1週間程度

塩分0.3g　抗がん野菜150g

材料（4食分）

ピーマン…280g（大8個）

片栗粉…少々

A
- にんじん…80g（8㎝）
- れんこん…80g
- たまねぎ…80g（⅖個）
- （にんじん・れんこん・たまねぎ）→皮をむいて粗みじん切り
- しいたけ（石突きを取ってみじん切り）…80g（4枚）
- おから…160g　卵…100g（2個）
- ゆずこしょう…適量

なたね油…13g（大さじ1）

作り方

1 ピーマンは半分に切って種を取り、内側に片栗粉をまぶす。

2 ボウルにAを入れて混ぜ、1に詰める。

3 フライパンになたね油を熱して、2をおからの面から焼き、火を通す。

保存方法と食べ方　前日夜から冷蔵庫で解凍し、温める。

副菜 ピーマンと桜えびのみそ炒め

これが1食分

桜エビの香りでおいしく減塩

1食量 134kcal

冷凍 1週間程度

塩分0.4g　抗がん野菜165g

材料（4食分）

A
- ピーマン…240g（8個）
- 赤ピーマン…180g（6個）
- （ピーマン・赤ピーマン）→種を取って乱切り
- なす（乱切り）…80g（1本）
- セロリ（筋を取って乱切り）…60g（½本）
- ブロッコリー（小房に分ける）…60g
- まいたけ（ほぐす）…40g（⅖パック）

B
- だし汁…20cc
- 減塩みそ…24g（小さじ4）
- 黒砂糖…12g（小さじ4）

桜えび（乾燥）…20g　ごま油…26g（大さじ2）

作り方

1 フライパンにごま油・桜えびを入れて熱し、Aを炒める。

2 Bを合わせて1に加え、炒め合わせる。

保存方法と食べ方　1食分ずつ分けて冷凍。冷凍のまま弁当に入れ、自然解凍。

副菜

かぼちゃとピーマンのカレー炒め

材料（4食分）

A
- かぼちゃ（2㎜厚さの薄切り）…320g
- ピーマン…80g（2・⅔個）
- 赤ピーマン…80g（2・⅔個）
  （ピーマン・赤ピーマン）→ 種を取って細切り
- たまねぎ（皮をむいて薄切り）…80g（⅖個）
- エリンギ（薄切り）…80g（1・½本）
- カシューナッツ（無塩）・40g

にんにく（皮をむいてみじん切り）…20g（4片）
オリーブ油…26g（大さじ2）
カレー粉…4g（小さじ2）

作り方

1 フライパンにオリーブ油・にんにくを入れて熱し、Aを加えて炒める。

2 1にカレー粉を加えて炒める。

保存方法と食べ方 1食分ずつ分けて冷凍。冷凍のまま入れて自然解凍。

β-カロテン・ビタミンCたっぷり

1食量 225 kcal

冷凍 1週間程度

塩分0.0g 抗がん野菜165g

副菜

かぼちゃのマヨサラダ

材料（4食分）

かぼちゃ…320g
じゃがいも…100g（1個）
（かぼちゃ・じゃがいも）→ ひと口大に切る

A
- ゆで枝豆（実のみ）…80g
- たまねぎ（皮をむいて薄切り）…40g（⅕個）
- きゅうり（薄切り）…40g（⅖本）
- 赤パプリカ（種を取って薄切り）…60g（⅓個）
- こしょう…少々
- レモン汁…20g（小さじ4）
- マヨネーズ…56g（大さじ4）

作り方

1 かぼちゃ・じゃがいもはゆでて、やわらかくなったら水を捨て再び鍋に戻し加熱して水分を飛ばす。

2 ボウルに1・Aを入れて和える。

保存方法と食べ方 調味料を和える前の状態で、1食分ずつ分けて冷凍。前日夜から冷蔵庫で解凍し、調味料と和えて入れる。

食物繊維豊富な枝豆をプラス

1食量 225 kcal

冷凍 1週間程度

塩分0.3g 抗がん野菜150g

これが1食分

いちじく・プルーンはアントシアニンが豊富

1食量 305 kcal

冷凍 1週間程度

塩分0.0g　抗がん野菜150g

副菜

かぼちゃの甘団子

材料（4食分）

A
- かぼちゃ（ひと口大に切り、ゆでる）…600g
- プルーン（乾燥）…40g ┐
- いちじく（乾燥）…40g ┘→ 5mm角切り
- アーモンド（無塩）（粗く砕く）…40g
- はちみつ…48g（大さじ2）
- ヨーグルト（無糖）…20g（小さじ4）

ごま（白）…12g

作り方

1 ボウルにAを入れて混ぜ合わせる。

2 20個分に分け、ラップで茶巾絞りにし、ごまをまぶす。

保存方法と食べ方　1食分ずつ分けて冷凍。冷凍のまま入れて、自然解凍。

これが1食分

かぼちゃのビタミンA,C,Eには抗酸化作用が

1食量 213 kcal

冷凍 1週間程度

塩分0.5g　抗がん野菜156g

副菜

かぼちゃの煮付け

材料（4食分）

A
- かぼちゃ…320g ┐
- さつまいも…80g ┘→ ひと口大に切る
- ひじき（乾燥）（水で戻して水気を切る）…12g（戻しで約90g）
- 細切り昆布（乾燥）…5g
- まいたけ（ほぐす）…60g（½パック）
- しめじ（根元を切ってほぐす）…60g（½パック）
- 油揚げ（細切り）…80g（4枚）
- 水…250cc

減塩醤油…20g（小さじ3・⅓）

みりん…36g（大さじ2）

作り方

1 鍋にAを入れ、やわらかくなるまで煮る。

2 1に減塩醤油・みりんを加えて、水分がなくなるまで煮る。

保存方法と食べ方　冷凍のまま弁当に入れて自然解凍。

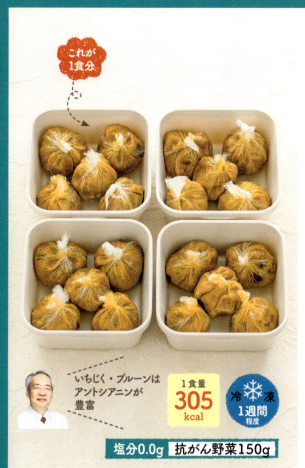

主菜 ねぎと鮭のそぼろ

材料（4食分）

A
- にんじん…150g（¾本）
- かぼちゃ…80g

→ 皮をむいてすりおろす

B
- 長ねぎ…60g（⅗本）
- キャベツ…40g（⅔枚）

→ みじん切り

- しょうが（皮をむいてみじん切り）…10g
- 鮭の水煮（缶詰）…180g（1缶）

C
- 減塩醤油…12g（小さじ2）
- 減塩塩…1g

万能ねぎ（小口切り）…60g

ごま（白）…4g

作り方

1 鍋にAを入れ、蓋をして弱火で4分蒸し煮にする。

2 1にBを加え、炒める。

3 2にCを入れて炒め合わせ、万能ねぎ・ごまを加える。

保存方法と食べ方 前日夜から冷蔵庫で解凍し、温める。

副菜 ねぎのおろし和え

材料（4食分）

A
- 万能ねぎ（2㎝長さに切る）…300g
- きゅうり（薄切り）…40g（⅖本）
- 大根（皮をむいてすりおろす）…250g（8㎝）
- しょうが（皮をむいてせん切り）…10g

ごま（白）…2g

レモン汁…15g（大さじ1）

減塩醤油…12g（小さじ2）

ミニトマト（ヘタを取って半分に切る）…40g

作り方

1 フライパンに半分のごま（1g）・Aを入れて炒める。

2 ボウルに1・残りのごま（1g）・レモン汁・減塩醤油を加えて和え、ミニトマトを添える。

保存方法と食べ方 そのまま弁当に入れる。

副菜 ねぎのトマト煮

ねぎは冷えた体を温め、疲労回復作用が

1食量 55 kcal

冷凍 1週間程度

塩分0.2g 抗がん野菜171g

材料（4食分）

A
- 長ねぎ（1cm長さに切る）…300g（3本）
- エリンギ（1cm角切り）…50g（1本）
- トマト…200g（1・⅓個）
- なす…50g
  - → ヘタを取って1cm角切り（トマト・なす）
- セロリ（筋を取って1cm角切り）…40（⅖本）
- ピーマン（種を取って1cm角切り）…40g（1・⅓個）
- 減塩塩…2g

にんにく（皮をむいてみじん切り）…5g（1片）
オリーブ油…6g（大さじ½）
オレガノ（乾燥）…少々

作り方

1 鍋にオリーブ油・にんにくを入れ、香りがしてきたらAを加え、弱火で10分煮込む。
2 最後にオレガノを加える。

保存方法と食べ方 冷蔵または冷凍。温めなおしてから入れる。

副菜 ねぎのカレーマリネ

カレーのウコンは肝機能強化作用が

1食量 88 kcal

冷蔵 5日程度

塩分0.5g 抗がん野菜164g

材料（4食分）

A
- 長ねぎ（3cm長さに切る）…300g（3本）
- ズッキーニ（短冊切り）…50g（⅓本）
- エリンギ（短冊切り）…100g（2本）
- 赤パプリカ（種を取って短冊切り）…200g（1・⅓個）

にんにく（皮をむいてみじん切り）…5g（1片）
オリーブ油…6g（大さじ½）

B
- カレー粉…1g（小さじ½）
- 減塩塩…3g

C
- レモン汁…15g（大さじ1）
- はちみつ…12g（大さじ½）
- ゆでタコ（薄切り）…80g

作り方

1 フライパンにオリーブ油・にんにくを加えて火にかけ、香りがしてきたらAを加えて炒める。
2 野菜に火が通ったら、Bを加えてさっと炒めして火を止め、Cを加える。

保存方法と食べ方 そのまま弁当に入れる。

主菜

長芋のお好み焼き わさび醤油味

材料（4食分）

A
- 長芋（皮をむいてすりおろす）…120g
- 長芋（皮をむいて角切り）…20g
- たまねぎ…80g（⅖個）
- にんじん…80g（8㎝）
  → 皮をむいて5㎜角切り
- セロリ（筋を取って5㎜角切り）…80g（⅘本）
- ピーマン…80g（2・⅓個）
- 黄パプリカ…80g（½個）
  → 種を取って5㎜角切り
- 全粒粉…80g　片栗粉…20g
- 刻みのり…4g　卵…50g（1個）

ごま油…26g（大さじ2）
減塩醤油…24g（小さじ1）
練りわさび…適量

作り方

1. ボウルにAを入れて混ぜ合わせる。
2. フライパンにごま油を熱し、1を12個分に分けて丸く広げて焼く。
3. 減塩醤油にお好みの量の練りわさびを溶かし、2に回しかける。

保存方法と食べ方　1食分ずつ切り分けて冷凍。冷凍のまま入れて自然解凍。

これが1食分

長芋のサポニンは抗酸化作用・解毒作用が

1食量 213 kcal

冷凍 1週間程度

塩分0.5g　抗がん野菜136g

副菜

さつまいものナッツ和え

材料（4食分）

A
- さつまいも…400g
- かぼちゃ…80g
  → 1.5㎝角切り
- にんじん（皮をむいて1.5㎝角切り）…60g（6㎝）

B
- 大豆（水煮）…60g
- ミックスナッツ（無塩）…40g
- はちみつ…36g（大さじ1・½）
- 黒砂糖…18g（大さじ2）

作り方

1. Aをゆでる。
2. ボウルに1・Bを入れて和える。

保存方法と食べ方　1食分ずつ分けて冷凍。冷凍のまま入れて自然解凍。

これが1食分

ナッツ類は抗酸化作用のあるβ-カロテン・ビタミンE・B群が豊富

1食量 285 kcal

冷凍 1週間程度

塩分0.0g　抗がん野菜150g

副菜 じゃがいものごま炒め

これが1食分

じゃがいもの
ビタミンCは
加熱に強い

1食量 263 kcal

冷凍 1週間程度

塩分0.4g　抗がん野菜150g

材料（4食分）

A
- じゃがいも…400g（4個）
- にんじん…100g（½本）
  → 皮をむいてせん切り
- たけのこ（水煮）…40g
- 油揚げ…80g（4枚）
  → せん切り
- アスパラ（斜め切り）…100g（5本）

ごま油…26g（大さじ2）
だし汁…120cc
減塩醤油…24g（小さじ4）
はちみつ…28g（小さじ4）
ごま（白）…10g

作り方

1 フライパンにごま油を熱し、Aを加えて炒める。
2 だし汁に減塩醤油・はちみつを溶いて1に加え、水分がなくなるまで炒め、ごまを加える。

保存方法と食べ方 1食分ずつ分けて冷凍。冷凍のまま入れて自然解凍。

副菜 じゃがいものピリ辛煮

体を温める
根菜がたっぷり
補える

1食量 115 kcal

冷蔵 2日程度

塩分0.5g　抗がん野菜150g

これが1食分

材料（4食分）

A
- じゃがいも…360g（3・½個）
- たまねぎ…120g（⅗個）
- 大根…40g（1.5㎝）
- れんこん…40g
- にんじん…40g（4㎝）
- ごぼう…40g
  → 皮をむいてひと口大に切る
- にぼし…15g

B
- 酒…60g（大さじ4）
- 減塩醤油…24g（小さじ4）

七味唐辛子…適宜

作り方

1 鍋にA・材料がひたひたに浸かるくらいの水を入れ、火にかける。
2 ごぼうがやわらかくなったら、Bを加えて水分がなくなるまで煮る。
3 お好みで七味唐辛子を加える。

保存方法と食べ方 そのまま弁当に入れる。

主菜

グリンピース春巻き

材料（4食分）

A
- グリンピース（水煮）…200g
- たまねぎ…80g（⅖個）
- にんじん…80g（8㎝）
  → 皮をむいて粗みじん切り
- 長ねぎ…80g（⅘本）
- まいたけ…40g（⅖パック）
  → 粗みじん切り
- しいたけ（石突きを取って粗みじん切り）…40g（2枚）
- 大豆（水煮）…80g

春巻きの皮（全粒粉）…20枚
ごま油…26g（大さじ2）

作り方

1 ボウルにAを混ぜ合わせ、春巻きの皮で包む。
2 フライパンにごま油を熱し、弱火で1の両面に焼き色がつくまで焼く。

保存方法と食べ方 焼く前の状態で冷凍。前日夜から冷蔵庫で解凍し、焼く。

これが1食分

グリンピースのβ-カロテンで体の酸化を防止

1食量 273 kcal

冷凍 1週間程度

塩分0.7g 抗がん野菜150g

副菜

豆豆黒酢サラダ

材料（4食分）

しいたけ（石突きを取って4等分に切る）…80g（4枚）
マッシュルーム（4等分に切る）…80g（8個）

A
- ミックスビーンズ…320g
- たまねぎ（皮をむいてみじん切り）…80g（⅖個）
- 青しそ（1㎝角切り）…20g（20枚）
- にんにく（皮をむいて薄切り）…20g（4片）
- だし汁…400cc（2カップ）
- 黒酢…100cc（½カップ）
- はちみつ…28g（小さじ4）

作り方

1 しいたけ・マッシュルームはゆでる。
2 保存用の容器に1・Aを入れて混ぜ合わせ、一晩漬ける。

保存方法と食べ方 冷蔵庫で保存。水気を切ってから入れる。

これが1食分

豆類のフィチン酸、きのこのβ-グルカンが抗がんに

1食量 160 kcal

冷蔵 2〜3日程度

塩分0.1g 抗がん野菜150g

※調味料を1/3量食べたとして計算

これが
1食分

黒豆の
アントシアニンに
強い抗酸化作用が

1食量
373
kcal

冷凍
1週間
程度

塩分0.1g 抗がん野菜150g

副菜 黒豆の和え物

材料（4食分）

A
- 黒豆（水煮）…300g
- ミックスビーンズ…100g
- さつまいも（1cm角切りにし、ゆでる）…200g
- いちじく（乾燥）（1cm角切り）…60g
- アーモンド（無塩）…30g
- ごま（白）…4g
- はちみつ48g（大さじ2）

作り方

1 ボウルにAを入れて和える。

保存方法と食べ方
1食分ずつ分けて冷凍。
冷凍のまま入れて自然解凍。

これが
1食分

あずきの
ポリフェノールには
抗がん作用が

1食量
417
kcal

冷凍
1週間
程度

塩分0.1g 抗がん野菜150g

副菜 あずきと全粒粉のおやき

材料（4食分）

A
- ゆであずき（砂糖不使用）…520g
- プルーン（乾燥）…100g
- くるみ…20g
  （プルーン・くるみ → 5mm角に刻む）
- 大豆（水煮）…80g
- ラカントS顆粒…39g（大さじ3）

B
- 全粒粉…100g
- 卵…50g（1個）
- ヨーグルト（無糖）…30g（大さじ2）
- 水……100cc（½カップ）

作り方

1 ボウルにBを混ぜ合わせ、Aを加えてよく混ぜる。

2 テフロン加工のフライパンで1を焼く。

保存方法と食べ方
1食分ずつ分けて冷凍。
冷凍のまま入れて、自然解凍。

主菜 昆布煮

材料（4食分）

昆布（乾燥）…40g（戻しで約130g）

A
- キャベツ（細切り）…80g（1・⅓枚）
- にんじん…80g（8㎝）
- ごぼう…80g
  - （にんじん・ごぼう）→皮をむいて5㎜角の拍子木切り
- さつまいも（5㎜角の拍子木切り）…80g
- 油揚げ（油抜きして5㎜幅に切る）…40g（2枚）
- 鶏ささみ（ひと口大に切る）…200g
- だし汁…400cc　黒砂糖…27g（大さじ3）
- 減塩醤油…9g（大さじ½）

作り方

1 昆布は水でやわらかくなるまで戻し、食べやすい大きさに切る。

2 鍋に1・Aを入れて煮込む。

3 火を止めて冷まし、味をなじませる。

保存方法と食べ方 1食分ずつ分けて冷蔵。温めなおし、水気を切って入れる。

根菜たっぷりで食物繊維でデトックス

1食量 181 kcal

冷蔵 2〜3日程度

塩分0.9g　抗がん野菜113g

副菜 もずくの黒酢炒め

材料（4食分）

A
- クコの実（乾燥）…8g（40粒）
- 長芋（皮をむいて5㎜幅の拍子木切り）…160g
- しめじ（根元を切って半分に切る）…120g（1・⅕パック）
- しいたけ（石突きを取って縦4等分に切る）…120g（6枚）
- 長ねぎ（斜め切り）…80g（⅘本）
- しょうが（皮をむいてせん切り）…20g

ごま油…16g（小さじ4）

B
- 生もずく（水気を切る）…320g
- 黒砂糖…60g　黒酢…120cc

作り方

1 フライパンにごま油を熱し、Aを入れて強火で炒める。

2 火が通ったらBを加え、水分がなくなるまで炒める。

保存方法と食べ方 そのまま弁当に入れる。

市販の味付きもずく酢は塩分が多いので要注意

1食量 145 kcal

冷蔵 2〜3日程度

塩分0.2g　抗がん野菜205g

これが1食分

油で炒めて、にんじん・パプリカの抗酸化成分の吸収率アップ

1食量 127 kcal

冷凍 1ヶ月程度

塩分0.4g　抗がん野菜197g

保存方法と食べ方　自然解凍して炒めなおし、水分を飛ばして弁当に入れる。。

副菜 ひじきの炒め煮

材料（4食分）

A
- にんじん…120g（3/5本）、れんこん…120g → 皮をむいて細切り
- ひじき（乾燥）（水で戻して水気をしぼる）…70g（戻しで約320g）
- セロリ（筋を取って細切り）…120g（1・1/5本）
- 赤パプリカ（種を取り細切り）…80g（1/2個）
- しょうが（皮をむいてせん切り）…12g
- 油揚げ（油抜きして細切り）…20g（1枚）
- いんげん（斜め切り）…15g

ごま油…16g（小さじ4）

B
- だし汁…200cc（1カップ）
- 黒砂糖…20g

作り方

1 フライパンにごま油を熱し、Aを入れて炒める。

2 全体に油が回ったらBを入れ、沸騰したら火を弱め、煮汁がなくなるまで煮る。

加熱しないので、野菜やりんごの酵素をまるごと摂取

1食量 139 kcal

冷蔵 3～4日程度

塩分0.5g　抗がん野菜155g

これが1食分

保存方法と食べ方　汁気を切って、そのまま弁当に入れる。

副菜 わかめサラダ

材料（4食分）

A
- わかめ（乾燥）（水で戻し水気を切る）…20g（戻しで約200g）
- キャベツ（せん切り）…180g（3枚）
- れんこん（皮をむいてスライスし、ゆでる）…120g
- りんご（芯を取って細切り）…120g（1/2個）
- セロリ（筋を取って斜め薄切り）…80g（4/5本）
- ミニトマト（ヘタを取って半分に切る）…40g（4個）

しらす…20g　オリーブ油…8g（小さじ2）

B
- レモン汁…45cc（約1個分）
- 酢…75cc（レモン汁と合わせて120cc）
- 黒砂糖…60g

作り方

1 フライパンにオリーブ油を熱し、しらすをカリッとするまで炒める。

2 耐熱容器にBを入れ、600W電子レンジで1分程加熱し、黒砂糖を溶かす。

3 2に1・Aを加えてよく和える。

主菜 干ししいたけの肉団子風

材料（4食分）

A
- 干ししいたけ（水で戻す）…40g（戻しで約160g）
- たまねぎ（皮をむく）…80g（⅖個）
- にんじん（皮をむく）…60g（6cm）
- セロリ（筋を取る）…60g（⅖本）
- ピーマン（種を取る）…40g（1・⅓個）

→みじん切り

- 木綿豆腐（水切りする）…100g
- 卵…100g（2個）　鶏むねひき肉…80g
- 減塩塩…1g　片栗粉…9g（大さじ1）

ごま油…適量

作り方

1 ボウルにAを加えてよくこねる。

2 深めのフライパンにごま油を入れて170℃に温め、1をスプーンですくいながら入れ、4分ほど揚げる。

※とてもやわらかいので、途中でひっくり返す際、ご注意下さい。

干ししいたけは、ビタミンD含有量が豊富

1食量 246 kcal

冷凍 1ヶ月程度

塩分0.3g　抗がん野菜100g

保存方法と食べ方　前日夜から冷蔵庫で解凍し、温める。

主菜 高野豆腐の肉じゃが風

材料（4食分）

高野豆腐（水で戻して水気をしぼる）…50g（戻しで約320g）

片栗粉・ごま油…各適量

A
- じゃがいも…200g（2個）
- たまねぎ…200g（1個）
- にんじん…120g（⅗本）

→皮をむいてひと口大に切る

- かぼちゃ（ひと口大に切る）…120g
- しめじ（根元を切ってほぐす）…80g（⅘パック）
- だし汁…100cc（1/2カップ）

B 黒砂糖…60g　減塩醤油…12g（小さじ2）

きぬさや（筋を取ってゆでる）…16g（8枚）

作り方

1 フライパンにごま油を1cmほど入れて温め、ひと口大に切った高野豆腐に片栗粉をまぶし、きつね色になるまで揚げる。

2 鍋にAを入れ、具材がかぶる程度の水を加えて火にかける。

3 沸騰したら1を加え、野菜に火が通るまで煮たら、Bを入れ、5分程煮て火を止め、きぬさやを添える。

高野豆腐を油で揚げて料理にコクをプラス

1食量 283 kcal

冷蔵 2〜3日程度

塩分0.4g　抗がん野菜180g

保存方法と食べ方　一度加熱し、汁気を切って入れる。

きくらげは
抗酸化成分
β-グルカンが豊富

1食量
101
kcal

冷蔵
3〜4日
程度

塩分0.5g　抗がん野菜240g

これが
1食分

保存方法と食べ方
電子レンジ又は炒め直して一度加熱してから入れる。

副菜 きくらげの中華風炒め

材料（4食分）

A
- きくらげ（乾燥）（水で戻してひと口大に切る）…45g（戻しで約320g）
- しめじ（根元を切ってほぐす）…120g（1・1/5パック）
- 赤パプリカ（種を取りって5mm幅の薄切り）…80g（1/2個）
- れんこん（皮をむいて5mm幅のいちょう切り）…80g

B
- トマト（ヘタを取り8等分のくし型切り）…200g（1・1/3個）
- 小松菜（3cm長さに切る）…160g
- 桜エビ（乾燥）…12g

ごま油…16g（小さじ4）　顆粒中華だし…3g

作り方

1 フライパンにごま油を熱し、Aを入れて強火で炒め、油が回ったらBも加えて炒める。

2 全体に火が通ったら顆粒中華だしを加えて炒め合わせる。

昆布としょうがの
風味で食欲が
ない時でもサッパリ

1食量
156
kcal

冷蔵
3〜4日
程度

塩分0.4g　抗がん野菜155g

これが
1食分

保存方法と食べ方
汁気を切って、そのまま弁当に入れる。

副菜 切干大根のサッパリ和え

材料（4食分）

切干大根（水で戻して水気をしぼる）…80g（戻しで約320g）

A
- キャベツ（せん切り）…180g（3枚）
- きゅうり（薄切り）…120g（1・1/6本）
- りんご（芯を取って薄切り）…120g（1/2個）
- にんじん…60g（6cm）
- しょうが…20g
  → 皮をむいてせん切り（にんじん・しょうが）
- 細切り昆布（乾燥）…12g（戻しで約40g）

酢…120cc　黒砂糖…60g

作り方

1 切干大根は食べやすい長さに切る。

2 耐熱容器に酢・黒砂糖を入れ、電子レンジで加熱し、黒砂糖を溶かす。

3 2に1・Aを加えて和える。

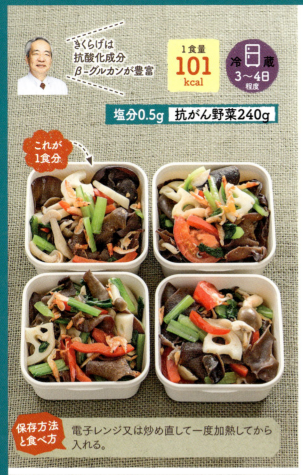

たんぱく質は大豆製品で摂るのが基本

主菜 おから・海藻・根菜コロッケ

お弁当の万能おかず

おからに抗がん野菜をたっぷり加えたお弁当にうれしいおかず

保存と食べ方
揚げて冷凍。
冷蔵庫で自然解凍してから温めなおす。

冷凍 10日程度

1食のカロリー	1食の塩分	1食の抗がん野菜
328 kcal	0.5g	103g

材料（4食分）

干ししいたけ…7g（戻しで約30g）

A
- ひじき（乾燥）（水で戻して水気をしぼる）…3g（戻しで約20g）
- ごぼう（皮をむいてささがき）…80g
- にんじん（皮をむいてせん切り）…60g（6㎝）
- かぼちゃ（せん切り）…200g
- 減塩醤油…27g（大さじ1・½）
- はちみつ…7g（小さじ1）

B
- おから…150g
- 万能ねぎ（小口切り）…20g

油揚げ…80g（4枚）

揚げ油…適量

作り方

1

干ししいたけはたっぷりの水で戻し、せん切りにする。（戻し汁も取っておく）

2

鍋に1・干ししいたけの戻し汁（400cc）・Aを入れ蓋をして3分煮込む。

3

2にBを加え、おからに水分を吸わせる。

4

油揚げは半分に切り、口を開けてひっくり返し、3を詰め、楊枝で留める。

5

180℃に温めた揚げ油で、4の表面がきつね色になるまで揚げ、楊枝を外す。

野菜たっぷりが鉄則！

おからコロッケバリエーション

主菜　ピーマンは抗酸化ビタミンA、Cがたっぷり

スパイシーコロッケ

材料（4食分）

A
- たまねぎ（皮をむいてみじん切り）…100g（½個）
- セロリ（筋を取ってみじん切り）…20g（⅕本）
- えのき茸（根元を切ってみじん切り）…30g（⅓袋）

B
- トマト缶（無塩・無農薬）…150g
- おから…150g　減塩塩…3g
- チリパウダー…4g（小さじ2）

オリーブ油…8g（小さじ2）
にんにく（皮をむいてみじん切り）…5g（1片）
ピーマン（半分に切って種を取る）…240g（8個）
薄力粉・卵・パン粉・揚げ油…各適量

作り方

1 鍋にオリーブ油・にんにくを入れ、香りがしてきたら、Aを加えて炒める。
2 野菜がしんなりしてきたら、Bを加え、中火で3分程煮込む。
3 粗熱が取れた2をピーマンに詰め、薄力粉・溶き卵・パン粉の順に衣をつける。
4 180℃に温めた揚げ油で、表面がきつね色になるまで揚げる。

253kcal／塩分0.5g　抗がん野菜136g

保存方法と食べ方　揚げて冷凍。
冷蔵庫で自然解凍してから温めなおす。

主菜　デザイナーフーズ野菜をまとめて摂取

キャベツたっぷりコロッケ

材料（4食分）

おから…150g

A
- キャベツ（粗みじん切り）…140g（2・⅓枚）
- たまねぎ（皮をむいてみじん切り）…100g（½個）
- しめじ（根元を切ってみじん切り）…50g（½パック）
- パセリ（生）（みじん切り）…5g
- 長芋…100g
- にんにく…5g（1片）
  → 皮をむいてすりおろす
- ウスターソース…32g（大さじ2）
- 減塩塩…1g

薄力粉・卵・パン粉・揚げ油…各適量

作り方

1 ボウルにおから・Aを入れて混ぜ合わせる。
2 1を16等分して形を整え、薄力粉・溶き卵・パン粉の順に衣をつける。
3 170℃に温めた揚げ油で、きつね色になるまで揚げる。

244kcal／塩分0.8g　抗がん野菜100g

保存方法と食べ方　揚げて冷凍。
冷蔵庫で自然解凍してから温めなおす。

主菜

じゃがいものビタミンCは加熱調理に強い

枝豆のクリーミーコロッケ

材料（4食分）

A
- じゃがいも…150g（1・½個）
- 里芋…100g（1・⅖個）
  → 蒸して皮をむいてつぶす
- おから…150g
- アボカド…100g
- ゆで枝豆（実のみ）…100g
- 減塩塩…3g

パセリ（生）…10g
パン粉…適量
薄力粉…適量
卵…適量
揚げ油…適量

作り方

1 ボウルにAを入れて混ぜる。
2 パセリをみじん切りにし、パン粉と混ぜ合わせる。
3 1を12等分して形を整え、薄力粉・溶き卵・2の順に衣をつける。
4 180℃に温めた揚げ油で、きつね色になるまで揚げる。

342kcal／塩分0.4g　抗がん野菜115g

保存方法と食べ方
揚げて冷凍。
冷蔵庫で自然解凍してから温めなおす。

主菜

チンゲン菜+長ねぎで抗がん作用アップ！

チンゲン菜の中華コロッケ

材料（4食分）

A
- チンゲン菜…160g
- 長ねぎ…200g（2本）
  → みじん切り
- きくらげ（乾燥）（水で戻してみじん切り）…4g（戻しで約30g）

ごま油…4g（小さじ1）
にんにく…5g（1片）
しょうが…5g
→ 皮をむいてみじん切り
鶏むねひき肉…40g

B
- 減塩塩…3g
- 水…300cc　おから…200g

全粒粉…適量　揚げ油…適量

作り方

1 フライパンにごま油を敷き、にんにく、しょうがを入れ、香りが出るまで炒める。
2 鶏むねひき肉を入れ、白っぽくなってきたらAを加えて炒める。
3 野菜に火が通ったら、Bを加え、炒め合わせる。
4 3を12等分して形を整え、全粒粉をつける。
5 170℃に温めた揚げ油で、きつね色になるまで揚げる。

243kcal／塩分0.4g　抗がん野菜100g

保存方法と食べ方
揚げて冷凍。
冷蔵庫で自然解凍してから温めなおす。

主菜

お揚げの包み焼き

材料（4食分）

油揚げ（半分に切る）…80g（4枚）
グリンピース（水煮）…40g
里芋…60g（1個）
じゃがいも…100g（1個）
→皮をむいてひと口大に切る

A
- 大豆（水煮）…100g
- しいたけ（石突きを取って粗みじん切り）…40g（2枚）
- エリンギ…25g（½本）
- 長ねぎ…20g（⅕本）
- しょうが（皮をむく）…20g
- （エリンギ・長ねぎ・しょうが）→粗みじん切り
- 青のり…2g

作り方

1 油揚げは熱湯をかけて油抜きする。
2 里芋・じゃがいもはゆでる。
3 ボウルに2・A・グリンピースを入れてつぶすように混ぜ、1に詰める。
4 フライパンを熱し、3を焼く。

済陽式食事療法において、大豆製品は優秀なたんぱく源

1食量 163 kcal

冷凍 1週間程度

塩分0.0g　抗がん野菜102g

これが1食分

保存方法と食べ方
焼く前の状態で冷凍。
前日夜から冷蔵庫で解凍し、焼く。

主菜

厚揚げといかの中華炒め

材料（4食分）

A
- イカ（ひと口大に切る）…120g
- ごま油…16g（小さじ4）
- にんにく（皮をむいてみじん切り）…20g（4片）

B
- 厚揚げ（ひと口大に切る）…400g
- しいたけ（石突きを取って薄切り）…80g（4枚）
- えのき茸（根元を切って半分に切る）…100g（1袋）
- ニラ（3cm長さに切る）…80g（⅘束）
- 長ねぎ（斜め切り）…40g（⅖本）
- セロリ（筋を取って斜め切り）…80g（⅘本）

オイスターソース…12g（小さじ2）
だし汁…30cc

作り方

1 フライパンにAを入れ、イカに火が通るまで炒める。
2 1にBを加えて炒め、オイスターソース・だし汁を混ぜ合わせて加え、炒め合わせる。

ニラに含まれる硫化アリル、β-カロテンはがんに有効

1食量 241 kcal

冷蔵 2日程度

塩分0.6g　抗がん野菜100g

これが1食分

保存方法と食べ方
そのまま弁当に入れる。

豊富な食物繊維で
体の毒素を排出

1食量
215
kcal

冷凍
1週間
程度

塩分0.4g　抗がん野菜110g

これが
1食分

保存方法
と食べ方

揚げて冷凍。
前日夜から冷蔵庫で解凍し、温めなおす。

主菜

豆腐ナゲット

材料（4食分）

A
- 絹豆腐…100g（⅓丁）
- おから…65g
- ひじき（乾燥）（水で戻して水気をしぼる）…7g（戻しで約55g）
- 大豆（水煮）…145g
- たまねぎ…80g（⅖個）
- れんこん…80g
- にんじん…80g（8㎝）
  - （たまねぎ・れんこん・にんじん）→皮をむいて粗みじん切り
- たけのこ（水煮）…40g
- みょうが…10g（1個）
  - （たけのこ・みょうが）→粗みじん切り
- 白玉粉…40g
- 減塩みそ…24g（小さじ4）

揚げ油…適量

作り方

1 ボウルにAを入れ、混ぜ合わせる。

2 1をスプーンでひと口大に成形しながら、180℃に温めた揚げ油で揚げる。

長芋のムチンで
肝機能アップ

1食量
191
kcal

冷凍
1週間
程度

塩分0.2g　抗がん野菜150g

これが
1食分

保存方法
と食べ方

焼いて冷凍。
前日夜から冷蔵庫で解凍し、温めなおす。

副菜

おからの磯辺焼き

材料（4食分）

A
- おから…260g
- 長芋（皮をむいてすりおろす）…180g
- にんじん…140g（⅔本）
- れんこん…140g
- たまねぎ…140g（¼個）
  - （にんじん・れんこん・たまねぎ）→皮をむいてみじん切り
- 桜エビ（乾燥）…12g
- 片栗粉…18g（大さじ2）

焼きのり（16枚に切る）…6g（2枚）

ごま油…16g（小さじ4）

作り方

1 ボウルにAを入れて混ぜ合わせる。

2 1を16個に分けて成形し、焼きのりではさむ。

3 フライパンにごま油を熱し、2を焼く。

少量の肉・魚を野菜で増量

主菜 チキンバーグのトマトソース

お弁当の万能おかず

ハンバーグはいろんなお野菜を混ぜ込める優秀惣菜

保存と食べ方　冷凍のまま入れ、自然解凍。

冷凍 1週間程度

1食のカロリー	1食の塩分	1食の抗がん野菜
204kcal	0.5g	116g

材料（4食分）

鶏むねひき肉…240g　木綿豆腐…160g
ブロッコリー（小房に分ける）…60g
米粉…9g（大さじ1）

A
- たまねぎ…80g（⅖個）
- にんじん…60g（6㎝）

→皮をむいてみじん切り

〈トマトソース〉
なす（縦⅙にしてから3㎜厚さ）…40g（½本）

B
- れんこん…100g
- にんにく…5g（1片）

→皮をむいてすりおろす

トマト缶（無塩・無農薬）…120g
オリーブ油…12g（小さじ3）
減塩塩…2g　こしょう…少々

作り方

1

木綿豆腐はキッチンペーパーで包んで耐熱容器に入れ、500Wの電子レンジで1分30秒加熱し、上から手で押さえて水気を絞る。

2

A・ブロッコリーはそれぞれラップに包んで500Wの電子レンジで1分加熱する。

3

ボウルに鶏むねひき肉・冷ました1・A・米粉を加えてよく練り、8個に丸めてオリーブ油（6g）を敷いたフライパンで焼く。

4

鍋を温めてオリーブ油（6g）を敷き、なすを炒め、トマト缶を入れひと混ぜしたらBを加え、れんこんの粘りが出たら、減塩塩・こしょうで味を調える。

5

2、3、4は別々の容器で保存。

6

写真が1食分。ハンバーグに4のソースと2のブロッコリーを添えて持って行く。

野菜混ぜ込みが基本！

ハンバーグのバリエーション

血液サラサラ効果の高いえごまを使って

主菜 鶏肉のプチプチ焼き

材料（4食分）

じゃがいも…160g（小2個）　えごま…60g

A
- 鶏むねひき肉…240g
- 長ねぎ…40g（⅖本）
- しいたけ（石突きを取る）…40g（2枚）
- にんじん…40g（4cm）
- ゆで枝豆（実のみ）…80g
（長ねぎ〜ゆで枝豆）→ みじん切り
- ひじき（生）…40g　減塩醤油…16g（小さじ2・⅔）
- 酒…30g（大さじ2）　片栗粉…9g（大さじ1）

作り方

1 じゃがいもは皮ごと洗って耐熱容器に入れ、ラップをして電子レンジでやわらかくなるまで（3〜4分程度）加熱し、皮をむいてつぶす。

2 1にAを加えて混ぜ、食べやすい大きさに丸める。

3 フライパンで軽く炒ったえごまを2の周りにまぶし、フライパンで両面を焼く。

265kcal／塩分0.4g　抗がん野菜100g

保存方法と食べ方　冷凍のまま入れ、自然解凍。
※えごまは白・黒ごまで代用も可能

カロテン豊富な緑黄色野菜で抗酸化力強化

主菜 タラ野菜バーグ ハニーレモン醤油

材料（4食分）

A
- たまねぎ（皮をむいてみじん切り）…160g（⅘個）
- 赤パプリカ…40g（¼個）
- 黄パプリカ…40g（¼個）
- マッシュルーム…40g（4個）
（赤パプリカ〜マッシュルーム）→ みじん切り

B
- タラのすり身…320g　卵…50g（1個）
- パン粉…12g（大さじ3）　ワイン（白）…15g（大さじ1）
- 牛乳…30g（大さじ2）　片栗粉…18g（大さじ2）

C
- はちみつ…28g（小さじ4）
- レモン汁…15g（大さじ1）
- 減塩醤油…18g（大さじ1）

オリーブ油…13g（大さじ1）
ほうれん草（ゆでて3cm長さに切る）…120g

作り方

1 フライパンを温めてオリーブ油を敷き、Aを炒めて冷ます。

2 ボウルに1・Bを入れてよく混ぜ、8つに丸める。

3 フライパンを温め、2を焼き、取り出す。

4 3のフライパンにはCを入れて沸騰させ、ほうれん草・3を入れて味を絡める。

210kcal／塩分0.6g　抗がん野菜100g

保存方法と食べ方　冷凍のまま入れ、自然解凍。

主菜に野菜とだしをプラス

具だくさんスープ弁当 基本の作り方

材料（1食分）

246kcal／塩分0.6g　抗がん野菜196g

「チキンバーグのトマトソース」（P.59参照）…1食分
かぼちゃ（5㎜厚さに切る）…30g
ミニトマト（ヘタを取る）…20g（2個）
しめじ（根元を切ってほぐす）…20g（1/5パック）　だし汁（P.76）…100cc

作り方

1

「チキンバーグのトマトソース」は解凍して温める。

2

かぼちゃはラップに包み500Wの電子レンジで30〜40秒程加熱し、やわらかくする。

3

鍋に1のトマトソース・ミニトマト・しめじ・だし汁を入れて温める。

4

スープジャーに1・2を入れ、3を注ぐ。

主菜

鶏肉のトマト煮

大豆や黒豆のイソフラボンをプラス

1食量 217 kcal

冷凍 1週間程度

塩分0.5g 抗がん野菜139g

保存方法と食べ方　冷凍のまま入れ、自然解凍。

材料（4食分）

鶏むね肉（2cm厚さのそぎ切り）…280g
ワイン（白）…15g（大さじ1）
小麦粉…適量
オリーブ油…13g（大さじ1）
にんにく（皮をむいて薄切り）…5g（1片）

A
- たまねぎ（皮をむいて1cm角切り）…80g（⅖個）
- マッシュルーム（3mm厚さの薄切り）…60g（6個）
- 赤パプリカ（種を取って5mm角切り）…50g（⅓個）

B
- トマト缶（無塩・無農薬）…200g
- 大豆（水煮）…60g
- 黒豆（水煮）…60g

C
- 減塩塩…2g
- こしょう…適量
- トマトケチャップ…12g（小さじ2）
- 粉チーズ…8g（小さじ4）
- グリンピース（水煮）…40g

作り方

1 鶏むね肉にワインをふり、小麦粉をまぶす。
2 鍋にオリーブ油を熱し、にんにくを入れ、香りが出てきたら、1を加えて炒める。
3 2にAを加えて炒めて火が通ったら、Bを加えて2〜3分煮る。
4 3にCを加えてひと煮立ちさせる。

主菜

砂肝のねぎまみれ

長ねぎやにんにくの辛味成分アリシンは消化機能を高める

1食量 166 kcal

冷凍 1週間程度

塩分0.3g 抗がん野菜103g

保存方法と食べ方　冷凍のまま入れ、自然解凍。

材料（4食分）

A
- 鶏砂肝（半分に切る）…240g
- 酒…30g（大さじ2）
- 減塩醤油…12g（小さじ2）
- にんにく（皮をむいてすりおろす）…10g（2片）

B
- 長ねぎ（粗みじん切り）…160g（1・½本）
- 万能ねぎ（小口切り）…40g

C
- 赤・黄パプリカ（種を取って5mm角切り）…各40g（¼個）
- まいたけ（ほぐす）…40g（⅖パック）

いんげん（ゆでて3cm長さに切る）…80g
ごま油…26g（大さじ2）

作り方

1 ボウルにAを入れ、15分以上漬け込む。
2 フライパンにごま油を熱し、1を入れて炒め、鶏砂肝に火が通ったら、B・鶏砂肝の漬け込み汁を加えてさらに炒める。
3 2にCを入れて炒め、まいたけに火が通ったらいんげんを加える。

アブラナ科のキャベツ、ブロッコリーには解毒作用が

1食量 290 kcal

冷蔵 3日程度

塩分0.5g 抗がん野菜120g

これが1食分

保存方法と食べ方　よく混ぜて味を絡めてから弁当に入れる。

主菜 ささみのやわらかマリネ

材料（4食分）

鶏ささみ（そぎ切り）…240g
酒…15g（大さじ1）　片栗粉…適量

A
- キャベツ（短冊切り）…240g（4枚）
- たまねぎ（皮をむいてせん切り）…80g（4/5個）
- 赤パプリカ（種を取ってせん切り）…40g（1/4個）
- しめじ（根元を切ってほぐす）…40g（2/5パック）

レモン（いちょう切り）…20g（1/5個）
ブロッコリー（小房に分けてゆでる）…80g

B
- くるみ（砕く）…60g
- 減塩醤油…24g（小さじ4）
- はちみつ…48g（大さじ2）
- オリーブ油…13g（大さじ1）
- 酢…30g（大さじ2）

作り方

1 鶏ささみに酒・片栗粉をまぶし、沸騰したお湯でゆで、冷水に取る。
2 耐熱容器にAを入れ、電子レンジで3分加熱して冷ます。
3 2の水分を切り、1・Bを加えて和える。

発酵食品である塩麹を調味料として活用

1食量 184 kcal

冷凍 1週間程度

塩分0.4g 抗がん野菜100g

これが1食分

保存方法と食べ方　冷凍のまま入れ、自然解凍。

主菜 塩炒り鶏

材料（4食分）

鶏むね肉（ひと口大に切る）…240g
酒…30g（大さじ2）　塩麹（下味用）…5g（小さじ1）
干ししいたけ…12g（戻しで約50g）

A
- にんじん…60g（6cm）
- ごぼう…90g
- （にんじん・ごぼうは）→皮をむいて乱切り
- たけのこ（水煮）（乱切り）…60g
- こんにゃく（手でちぎってゆでる）…60g
- 里芋（皮をむいて1/4に切る）…120g（2個）

きぬさや（筋を取ってゆでる）…20g（10枚）
ごま油…26g（大さじ2）　塩麹（仕上げ用）…10g（小さじ2）

作り方

1 鶏むね肉に酒・塩麹（5g）を揉み込む。
2 干ししいたけは水（150cc）で戻し、1/4に切る。
3 鍋を温めてごま油を敷き、1を炒め、A・2を炒める。
4 3に2の戻し汁を加えて蓋をし、野菜がやわらかくなるまで煮る。
5 塩麹を加えて混ぜ、きぬさやを添える。

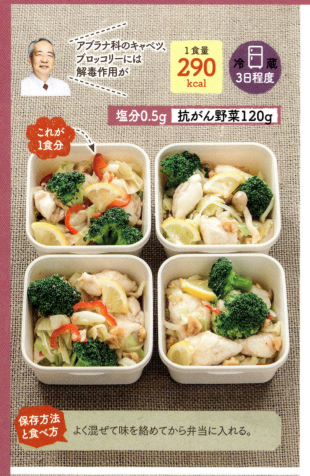

主菜 鮭のカラフルポテト焼き

カロテン豊富なパプリカで、彩りと抗酸化作用をアップ

1食量 244 kcal

冷凍 1週間程度

塩分0.5g 抗がん野菜100g

これが1食分

保存方法と食べ方　冷凍のまま入れ、自然解凍。※のりきらなかったマッシュポテトはおかずとして活用も可能

材料（4食分）

生鮭（4等分に切る）…280g（2切れ）
ワイン（白）…15g（大さじ1）
小麦粉…適量
じゃがいも…240g（2・½個）

A
- たまねぎ（皮をむいてみじん切り）…40g（⅕個）
- 赤パプリカ…40g（¼個）
- 黄パプリカ…40g（¼個）
（赤パプリカ・黄パプリカ→種を取ってみじん切り）

B
- グリンピース（水煮）…40g
- 減塩塩…2g
- こしょう…少々
- ローズマリー…小さじ2
- マヨネーズ…28g（大さじ2）

オリーブ油…13g（大さじ1）

作り方

1 生鮭にワインをふり、小麦粉をまぶす。
2 じゃがいもは皮ごと洗って耐熱容器に入れ、ラップをして電子レンジでやわらかくなるまで（3～4分程度）加熱し、皮をむいてつぶす。
3 Aをラップに包んで電子レンジで1分程度加熱する。
4 2に3・Bを加えて混ぜる。
5 フライパンにオリーブ油を熱し、1を入れて片面を焼く。
6 5を裏返して4をのせ、蓋をして鮭に火が通るまで焼く。

主菜 鮭のレモンバジル風味

バジルとレモンの風味が薄味をカバー

1食量 204 kcal

冷凍 1週間程度

塩分0.6g 抗がん野菜101g

これが1食分

保存方法と食べ方　飾りのパセリは取って冷凍。冷凍のまま入れ、パセリを添える。

材料（4食分）

生鮭（4等分に切る）…280g（2切れ）
小麦粉…適量

〈漬け込み材料〉
- 塩麹…5g（小さじ1）
- オリーブ油…13g（大さじ1）
- バジルの葉（ちぎる）…4g（4枚）

A
- キャベツ（せん切り）…200g（3・⅓枚）
- たまねぎ…60g（3/10個）
- にんじん…40g（4㎝）
（たまねぎ・にんじん→皮をむいてせん切り）
- しめじ（根元を切ってほぐす）…40g（⅖パック）
- ほうれん草（3㎝長さに切る）…60g
- レモン（薄いいちょう切り）…20g（⅕個）

オリーブ油…13g（大さじ1）　塩麹…15g（大さじ1）
ワイン（白）…30g（大さじ2）　パセリ（生）…5g

作り方

1 ボウルに〈漬け込み材料〉を入れ、生鮭を漬け込む。
2 フライパンを温めてオリーブ油を敷き、小麦粉をまぶした1を焼いて取り出す。
3 2のフライパンにA・ワイン・塩麹を入れて炒める。
4 2・3を盛り、パセリを添える。

主菜 鮭の黒酢炒め

さつまいものヤラピンが腸の健康をお手伝い

1食量 288 kcal

冷凍 1週間程度

塩分0.5g　抗がん野菜100g

材料（4食分）

生鮭…240g　酒…15g（大さじ1）

小麦粉…適量

A
- たまねぎ（皮をむいてくし切り）…120g（⅗個）
- にんじん（皮をむいて乱切り）…60g（6㎝）
- さつまいも（乱切り）…120g

B
- しいたけ（石突きを取って乱切り）…60g（3枚）
- ピーマン（種を取って乱切り）…40g（1・⅓個）
- たけのこ（水煮）（乱切り）…80g

プルーン（乾燥）（粗く刻む）…100g

黒酢…50cc　減塩醤油…24g（小さじ4）

酒…15g（大さじ1）　ごま油…26g（大さじ2）

作り方

1 生鮭はひと口大に切り、酒をふり、小麦粉をまぶす。

2 Aをラップに包んで600Wの電子レンジで4分程度秒加熱する。

3 耐熱容器にプルーン・黒酢を入れてラップをし、電子レンジで1分加熱し、酒・減塩醤油を加える。

4 フライパンにごま油を熱し、1の両面を焼く。

これが1食分

保存方法と食べ方　冷凍のまま入れ、自然解凍。

5 4に2・Bを入れて炒め、3を加えて水分がなくなるまで炒める。

主菜 鮭の焼きびたし

なすのアントシアニンが有害物質の生成を抑制

1食量 166 kcal

冷蔵 3日程度

塩分0.7g　抗がん野菜125g

材料（4食分）

生鮭…280g　酒…30g（大さじ2）

A
- かぼちゃ（5㎜厚さの薄切り）…120g
- なす（食べやすい大きさ）…100g（1・⅕本）
- 長ねぎ（3㎝長さに切る）…120g（1・⅕本）
- まいたけ（ほぐす）…40g（⅖パック）
- 赤パプリカ（種を取って5㎜幅に切る）…40g（¼個）
- オクラ（ゆでてヘタを切る）…80g（8本）

オリーブ油…4g（小さじ1）

B
- だし汁…400cc（2カップ）
- 減塩塩…2g　減塩醤油…12g（小さじ2）
- みりん…12g（小さじ2）

作り方

1 生鮭は食べやすい大きさに切り、酒をふる。

2 フライパンにオリーブ油を敷き、1・Aを焼き、ボウルに混ぜたBに30分以上漬け込む。

これが1食分

保存方法と食べ方　水気を切ってそのまま入れる。

主菜

イワシのベジピカタ

β－カロテン豊富な野菜を衣にたっぷり練りこんで

1食量 338 kcal

冷凍 1週間程度

塩分0.6g　抗がん野菜100g

これが1食分

保存方法と食べ方　冷凍のまま入れ、自然解凍。

材料（4食分）

イワシ（3枚おろし）…280g

ワイン（白）…15g（大さじ1）　米粉…適量

A
- にんじん（皮をむいてすりおろす）…200g（1本）
- かぼちゃ…160g ／ ゆで枝豆（実のみ）…40g →みじん切り
- 卵…150g（3個）　こしょう…少々
- 減塩塩…2g

オリーブ油…26g（大さじ2）

作り方

1 イワシはそぎ切りにし、ワインをふり、米粉をまぶす。

2 ボウルにAを入れてよく混ぜる。

3 フライパンにオリーブ油を敷き、中火で1の片面を焼く。

4 裏返したら2をのせ、両面を焼く。

主菜

アジと野菜のお好み焼き

食物繊維が豊富なれんこん主体の生地

1食量 250 kcal

冷凍 1週間程度

塩分0.7g　抗がん野菜150g

これが1食分

保存方法と食べ方　冷凍のまま入れ、自然解凍。

材料（4食分）

アジ（3枚おろし）…280g　こしょう…少々

ワイン（白）…15g（大さじ1）　小麦粉…適量

なたね油…13g（大さじ1）

A
- れんこん（皮をむいてすりおろす）…220g
- たまねぎ…80g（⅖個） ／ にんじん…40g（4㎝） →皮をむいてみじん切り
- マッシュルーム…60g（6個） ／ ブロッコリー…100g →みじん切り

B
- マヨネーズ…28g（大さじ2）　片栗粉…18g（大さじ2）
- トマトケチャップ…36g（大さじ2）

ブロッコリー（小房に分けてゆでる）…100g

作り方

1 アジは食べやすい大きさに切り、ワイン・こしょうをふり、小麦粉をまぶす。

2 耐熱容器にAを入れ、ラップをして、600Wの電子レンジで2分程加熱し、粗熱が取れたらBを加えて混ぜる。

3 フライパンになたね油を敷いて1を焼き、2をのせて、丸く形を整えて蓋をして両面を焼く。

4 3を盛り、ブロッコリーを飾る。

主菜　サバのタンドリー風

材料（4食分）

サバ（切り身）…320g

A
- たまねぎ…150g（¾個）
- にんにく…10g（2片）
- しょうが…8g
  （→皮をむいてすりおろす）
- ヨーグルト（無糖）…100g
- カレー粉…4g（小さじ2）
- タイム（粉）…1g（小さじ½）

B
- カリフラワー（小房に分ける）…80g
- 赤パプリカ（種を取って乱切り）…40g（¼個）
- ほうれん草（3cm長さに切る）…160g

オリーブ油…13g（大さじ1）

作り方

1 サバは8等分に切り、キッチンペーパーで水気をふき取る。

2 ボウルにAを入れてよく混ぜ、1を加えて1時間以上漬け込む。

3 フライパンを温めてオリーブ油を敷き、2のサバを入れ、サバに火が通るまで焼いて取り出す。

4 3のフライパンに2の残り液とBを入れ、野菜に火を通す。

抗がん作用の高いにんにくやしょうがも混ぜこんで

1食量 245 kcal

冷凍 1週間程度

塩分0.3g　抗がん野菜112g

これが1食分

保存方法と食べ方　冷凍のまま入れ、自然解凍。

主菜　サンマのおろし煮

たまねぎをすりおろして、たっぷり活用

1食量 182 kcal

冷凍 1週間程度

塩分0.5g　抗がん野菜100g

これが1食分

保存方法と食べ方　冷凍のまま入れ、自然解凍。

材料（4食分）

サンマ（骨付き）…80g

A
- 細切り昆布（乾燥）…10g（戻しで約30g）
- しょうが（皮をむいて薄切り）…10g
- たまねぎ（皮をむいてすりおろす）…200g（1個）
- しいたけ（石突きを取って半分に切る）…40g（2枚）
- いちじく（乾燥）（5mm角切り）…100g
- 黒酢…60cc　減塩醤油…18g（大さじ1）
- みりん…18g（大さじ1）

小松菜（3cm長さに切る）…120g

片栗粉…3g（小さじ1）

作り方

1 サンマは4cm程度のぶつ切りにし、キッチンペーパーで水気をふき取る。

2 鍋に1・A・具材がつかる程度の水を入れて中火にかける。

3 沸騰したら弱火にして、10分程度煮込む。

4 いちじくがやわらかくなったら、小松菜を加えて煮る。

5 同量の水で溶いた片栗粉を加え、煮汁を絡ませる。

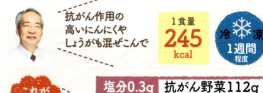

卵は平飼いのものを厳選すべし

主菜 お野菜たっぷりオムレツ

お弁当の万能おかず

ピーマン・パプリカのβ-カロテンは油でいためると吸収率アップ

保存と食べ方 そのまま弁当に入れる。

冷蔵 3日程度

1食のカロリー	1食の塩分	1食の抗がん野菜
143 kcal	0.5g	101g

材料（4食分）

- A
  - 鶏むねひき肉…50g
  - たまねぎ（皮をむいて1㎝角切り）…200g（1個）
  - ズッキーニ（1㎝角切り）…70g（½本）
  - 赤パプリカ…50g（⅓個）
  - ピーマン…80g（2・⅓個）
  - （赤パプリカ・ピーマン）→ 種を取って1㎝角切り
- にんにく（皮をむいてみじん切り）…2.5g（½片）
- なたね油…12g（小さじ3）
- 減塩塩…2g
- こしょう…少々
- B
  - 卵…200g（4個）
  - ヨーグルト（無糖）…20g
  - 減塩塩…1g

作り方

1

フライパンになたね油の⅓量（4g）・にんにくを入れて炒め、にんにくの香りがしてきたら、Aを加えて炒める。

2

減塩塩（2g）・こしょうで味を調え、全体に火が通ったらボウルに取り出す。

3

別のボウルにBを入れて混ぜ合わせ、粗熱がとれた2を加えて混ぜる。

4

フライパンに残りのなたね油（8g）を敷き、3、2を流し入れ、蓋をして固まるまで弱火で焼く。

野菜と卵の
合わせ使いを！

卵料理バリエーション

主菜

がん予防効果のあるビタミンA・C・Eがたっぷり

野菜たっぷりチヂミ

冷凍 1週間程度

材料（4食分）

卵…200g（4個）

A
- たまねぎ（皮をむいて2㎜幅の薄切り）…100g（½個）
- にんじん（皮をむいてせん切り）…160g（⅘本）
- ニラ（3㎝長さに切る）…120g
- きくらげ（乾燥）（水で戻してせん切り）…6g（戻しで約40g）
- もやし…80g

ごま油…12g（小さじ3）

ごま（白）…2g

減塩塩…4g

作り方

1 フライパンにごま油の半量（6g）を敷き、Aを入れて炒め、ごま・減塩塩を加えて炒めて冷ます。

2 ボウルに卵を入れ、粗熱がとれた1を加えて混ぜ合わせる。

3 フライパンに残りのごま油（6g）を敷き、2を流し入れて焼く。

129kcal／塩分0.7g　抗がん野菜105g

保存方法と食べ方　自然解凍後、フライパンで軽く温めなおす。

主菜

ごまのセサミンには抗酸化作用がいっぱい

まん丸ごま玉子

冷蔵 3日程度

材料（4食分）

うずらの卵（ゆで）…120g（12個）

A
- かぼちゃ…200g
- じゃがいも…200g（2個）
- カレー粉…2g（小さじ1）

（かぼちゃ・じゃがいも→皮をむいて5㎜厚さに切る）

B 減塩塩…2g　水…100cc

オリーブ油…7g（大さじ½）

たまねぎ…100g（½個）

にんにく…2.5g（½片）

（たまねぎ・にんにく→皮をむいてみじん切り）

ウスターソース…8g（大さじ½）

ごま（白）…24g

作り方

1 鍋にオリーブ油・たまねぎ・にんにくを入れて炒める。

2 1にAを加え軽く炒めたら、Bを加えて弱火でじゃがいもがやわらかくなり、水気がなくなるまで6分程煮る。

3 2をフォークでつぶし、ウスターソースを加えて混ぜる。

4 うずらの卵を3で包み、ごまをまぶす。

198kcal／塩分0.5g　抗がん野菜126g

保存方法と食べ方　そのまま弁当に入れる。

副菜

パプリカ、バジルはビタミンが豊富な野菜

ミモザサラダ

冷蔵 2日程度

材料（4食分）

ゆで卵（みじん切り）…100g（2個）

A
- キャベツ（1cm幅の細切りにし、ゆでる）…480g（8枚）
- きゅうり…50g（½本）
- 赤パプリカ…20g（⅛個）
- 黄パプリカ…20g（⅛個）
- （きゅうり・赤パプリカ・黄パプリカ）→せん切り
- アスパラ（斜め切りにし、ゆでる）…80g（4本）

バジルペースト…20g

作り方

1 ボウルにA・バジルペーストを入れて和える。

2 1を盛り、ゆで卵を散らす。

93kcal／塩分0.2g　抗がん野菜150g

保存方法と食べ方　そのまま弁当に入れる。

主菜

ごぼうのポリフェノールは抗酸化作用が豊富

ごぼうの柳川風

冷蔵 3日程度　冷凍 1週間程度

材料（4食分）

卵…200g（4個）

A
- ごぼう（皮をむいてささがき）…120g
- たまねぎ（皮をむいて薄切り）…200g（1個）
- しめじ（根元を切ってほぐす）…80g（⅘パック）
- 油揚げ（薄切り）…30g（1・½枚）

干ししいたけ（水で戻して薄切り）…10g（戻しで約40g）

減塩醤油…27g（大さじ1・½）

はちみつ…24g（大さじ1）

万能ねぎ（小口切り）…20g

作り方

1 鍋に、干ししいたけ・干ししいたけの戻し汁（400cc）・減塩醤油・はちみつを加えてひと煮立ちさせたら、Aを加えて中火で5分程煮込む。

2 ごぼうがやわらかくなったら、溶きほぐした卵を回し入れ、卵に火を通す。

3 器に盛り、万能ねぎを散らす。

160kcal／塩分0.6g　抗がん野菜115g

保存方法と食べ方　冷蔵は鍋で温めなおし、冷凍は作り方1で冷凍し、解凍後に具材を温め、卵でとじる。

ビタミンE豊富な玄米が基本

主食 お野菜たっぷり玄米炊き込みごはん

お弁当の万能おかず

たまねぎの甘みと、かつお節を加えて簡単に旨みアップ

冷蔵 2〜3日

冷凍 2週間程度

1食のカロリー	1食の塩分	1食の抗がん野菜
164 kcal	0.0g	43g

材料（4食分）

玄米…160g

A
- れんこん（皮をむいていちょう切り）…40g
- ごぼう（皮をむいてささがき）…40g
- にんじん（皮をむいて細切り）…40g（4㎝）
- たまねぎ（皮をむいてみじん切り）…40g（1/5個）
- かつお節…6g
- 水…300cc

いんげん（ゆでて斜め細切り）…12g

作り方

1

炊飯器に洗った玄米・Aを入れて炊く。

2

器に盛り、ゆでたいんげんを飾る。

3

1食分ずつ分け、冷蔵または冷凍。

4

600Wの電子レンジで1分30秒〜2分程度温める。

玄米＋野菜が基本

ごはんバリエーション

※保存方法と食べ方はP73を参照。

主食

緑茶のカテキンで体の酸化を防止

緑茶ごはん

冷蔵 2〜3日　冷凍 2週間程度

材料・作り方（4食分）

1 玄米（200g）を洗う。

2 炊飯器に1・緑茶葉（2g／小さじ1）・酒（30g／大さじ2）・水（360cc）を入れて炊く。

185kcal／塩分0.0g　抗がん野菜0g

主食

豆類をプラスして良質のたんぱく質アップ！

色々お豆の炊き込みごはん

冷蔵 2〜3日　冷凍 2週間程度

材料・作り方（4食分）

1 玄米（160g）を洗う。

2 炊飯器に1・ミックスビーンズ（100g）・炒り黒豆（20g）・水（300cc）を入れて炊く。

219kcal／塩分0.0g　抗がん野菜30g

主食

干ししいたけの旨みで減塩でもおいしく！

ひじきごはん

冷蔵 2〜3日　冷凍 2週間程度

材料・作り方（4食分）

1 玄米（160g）は洗い、油揚げ（40g／2枚）は細切りにする。

2 炊飯器に1・ひじき（乾燥／4g）・干ししいたけ（スライス／8g）・酒（30g／大さじ2）・水（350cc）を入れて炊く。

192kcal／塩分0.0g　抗がん野菜14g

※抗がん野菜はひじき・干ししいたけを戻した状態で計算

主食

とうもろこしを加えて抗酸化力アップ

コーンごはん

冷蔵 2〜3日　冷凍 2週間程度

材料・作り方（4食分）

1 玄米（200g）は洗い、とうもろこし（生／240g）は軸から実をそぎ落とす。

※軸から外して120g程度

2 炊飯器に1・酒（30g／大さじ2）・水（360cc）を入れて炊く。

176kcal／塩分0.0g　抗がん野菜30g

主食

ポリフェノール豊富な皮ごと使用！

さつまいもと昆布のごはん

冷蔵 2〜3日　冷凍 2週間程度

材料・作り方（4食分）

1 玄米（160g）は洗い、さつまいも（120g）は皮付きのまま角切りにする。

2 炊飯器に1・細切り昆布（乾燥／2g）・水（300cc）を入れて炊く。

180kcal／塩分0.0g　抗がん野菜32g

※抗がん野菜は昆布を戻した状態で計算

主食

きのこのβ-グルカンで抗がんを！

きのこたっぷり炊き込みごはん

冷蔵 2〜3日　冷凍 2週間程度

材料・作り方（4食分）

1 玄米（160g）は洗う。

2 しいたけ（50g／2・$\frac{1}{2}$枚）は石突きを取ってスライス、しめじ（50g／$\frac{1}{2}$パック）は根元を切ってほぐし、まいたけ（50g／$\frac{1}{2}$パック）もほぐす。

3 しょうが（20g）は皮をむいてせん切りにする。

4 炊飯器に1・2・水（300cc）・酒（30g／大さじ2）・3の半量を入れて炊く。

5 炊き上がったら、残りの3を混ぜる。

156kcal／塩分0.0g　抗がん野菜43g

主食

β-カロテン豊富なにんじんをごはんで摂取

にんじんごはん

冷蔵 2〜3日　冷凍 2週間程度

材料・作り方（4食分）

1 にんじん（100g）は皮をむいて細切りにする。

2 炊飯器に洗った玄米（200g）・水（180cc）を入れて30分浸水させる。

3 2に1・にんじんジュース（180cc）を入れて炊く。

197kcal／塩分0.0g　抗がん野菜25g

※水で浸水させないと芯が残ってしまいます。

主食

桜エビのアスタキサンチンとごまのセサミンで抗酸化作用アップ

桜えびごはん

冷蔵 2〜3日　冷凍 2週間程度

材料・作り方（4食分）

1 玄米（200g）は洗う。

2 炊飯器に1・桜エビ（乾燥／6g）・酒（30g／大さじ2）・水（360cc）を入れて炊く。

3 炊き上がったらごま（12g）を混ぜる。

205kcal／塩分0.0g　抗がん野菜0g

塩分を加えていないと
思えないほどの満足味

昆布・
干ししいたけだし

材料〈出来上がり量500cc〉
昆布……10g
干ししいたけ……5g（2～3枚）
水……500cc

冷蔵
2～3日

500cc	20kcal／塩分0.5g
100cc	4kcal／塩分0.1g

作り方

1 昆布と干ししいたけを入れる

耐熱容器に材料を入れ、ラップをして500wの電子レンジで5分加熱する。

2 保存する

麦茶のビンなどに入れて冷蔵保存する。
※だしをとった後の昆布・干ししいたけは切って汁や煮物の具材、ごま油で炒めて佃煮にしても良い

海由来の素材の風味を
上手に活用

にぼし・
かつお節だし

材料〈出来上がり量450cc〉
かつお節……10g
にぼし……10g（6～7本）
水……500cc

冷蔵
2～3日

450cc	9kcal／塩分0.5g
100cc	2kcal／塩分0.1g

作り方

1 昆布と干ししいたけを入れる

耐熱容器に材料を入れ、ラップをして500wの電子レンジで5分加熱する。

2 保存する

麦茶のビンなどに入れて冷蔵保存する。
※だしをとった後の昆布・干ししいたけは汁や煮物の具材、ごま油で炒めて佃煮にしても良い

抗酸化成分たっぷり
甘酸っぱい調味料

りんごたまねぎジャム

材料〈出来上がり量約200g〉
たまねぎ……100g（½個）
りんご……75g（⅓個）
水……150cc（¾カップ）
パイナップル缶（オーガニック）
……70g（2切れ）

冷蔵 1週間程度　冷凍 2週間程度

15g（大さじ1）　11kcal／塩分0.0g

作り方

1 スライスする

たまねぎは皮をむいてスライスし、りんごはよく洗い芯をとって皮付きのままスライスする。

2 鍋で煮る

鍋に1・水を入れ、蓋をして弱火〜中火で15分程、水気が少し残るくらいまで煮る。

3 ミキサーでなめらかに

粗熱を取り、パイナップル缶と共にミキサーに入れ、なめらかになるまで回す。

※熱いままミキサーにかけると、吹きこぼれる場合があります

4 保存する

樹脂製の容器でキューブ状にし、ジッパー付き袋に入れて保存。

かんたん

スープ弁当！

かぼちゃの甘みとトロミを活用

かぼちゃと豆のスープ

材料（1食分）

「かぼちゃの甘団子」（P.41参照）…1食分
だし汁（P.76参照）…200cc
ミックスビーンズ…30g
ゆで枝豆（実のみ）…20g

作り方

1 鍋に解凍した「かぼちゃの甘団子」・だし汁を入れて溶かす。
2 1にミックスビーンズ・枝豆を入れて煮る。
3 スープジャーに2を入れる。

390kcal／塩分0.3g　抗がん野菜200g

しょうが・ごま油の風味で減塩

餃子のしょうがスープ

材料（1食分）

A
- 長ねぎ（斜め切り）…20g（⅕本）
- にんじん（皮をむいて短冊切り）…10g（1㎝）
- しょうが（皮をむいてせん切り）…5g
- 顆粒中華だし…0.5g
- だし汁（P.76参照）…150cc

「キャベツとタコの餃子」（P.34参照）…½食分（4個）
ごま油…2g（小さじ½）　こしょう…少々

作り方

1 鍋にAをひと煮立ちさせ、解凍した「キャベツとタたこの餃子」を加えて煮る。
2 スープジャーに1を入れ、ごま油・こしょうを加える。

135kcal／塩分0.7g　抗がん野菜93g

「作りおきおかず」で

甘みのある副菜を活用し、減塩

お芋のみそスープ

材料（1食分）

「さつまいものナッツ和え」（P.44参照）…1食分
だし汁（P.76参照）…150cc
減塩みそ…6g（小さじ1）
万能ねぎ（小口切り）…5g

作り方

1 鍋に解凍した「さつまいものナッツ和え」・だし汁を入れて煮立たせる。
2 1に減塩みそを溶き入れる。
3 スープジャーに2を入れ、万能ねぎを加える。

306kcal／塩分0.5g　抗がん野菜155g

カレー風味で低塩でも満足な味わいに

トマトカレースープ

材料（1食分）

「ごぼうとにんじんとれんこんのトマト煮」（P.30参照）…1食分
カレー粉…1g（小さじ½）
だし汁（P.76参照）…150cc

作り方

1 鍋に解凍した「ごぼうとにんじんとれんこんのトマト煮」・カレー粉を入れて炒める。
2 だし汁を加えて煮る。
3 スープジャーに入れる。

187kcal／塩分0.2g　抗がん野菜200g

● プロフィール

済陽高穂

Takaho Watayo

1970年千葉大学医学部卒業後、東京女子医科大学消化器病センター入局。73年国際外科学会交換研究員として米国テキサス大学外科教室（J.C.トンプソン教授）に留学、消化管ホルモンについて研究。帰国後、東京女子医科大学助教授、94年に都立荏原病院外科部長、2003年より都立大塚病院副院長を経て、08年11月より西台クリニック院長、三愛病院研究所所長。千葉大学医学部臨床教授も兼任しながら現在に至る。

■栄養価計算、レシピ校正、
P.26-79レシピ作成
（株）ヘルシーピット
杉本恵子（管理栄養士）
須田涼子（栄養士）
佐藤みほ香（管理栄養士）
北村友子
片山ちえ（管理栄養士）
島田順子（管理栄養士）
中山康子（管理栄養士）
吉川恵美（管理栄養士）

■撮影
井上孝明（講談社写真部）

■デザイン・DTP
田中小百合（osuzudesign）

1食《しょく》の塩分《えんぶん》2g以下《いか》で、
抗《こう》がん野菜《やさい》が350g摂《と》れる！

済《わた》陽《よう》式《しき》「抗《こう》がん」弁《べん》当《とう》

2016年1月14日　第1刷発行

監　修　済陽《わたよう》高穂《たかほ》
発行者　鈴木　哲
発行所　株式会社講談社
〒112-8001　東京都文京区音羽2-12-21
販売　TEL03-5395-3606
業務　TEL03-5395-3615
編　集　株式会社　講談社エディトリアル
代　表　田村　仁
〒112-0013　東京都文京区音羽1-17-18　護国寺SIAビル6F
編集部　TEL03-5319-2171
印刷所　半七写真印刷工業株式会社
製本所　大口製本印刷株式会社

N.D.C.0077 79p 26cm ISBN978-4-06-219920-9